数字化转型理论与实践系列丛书

私域突围

三倍增长的创收法则

刘兴亮
白玉珊
著

电子工业出版社
Publishing House of Electronics Industry
北京·BEIJING

内 容 简 介

搭建私域业态是目前最适合企业逆势增长、个人副业变现，以及低成本创业的方法之一。本书通过"一位一网"，进行私域业态的整体规划和布局，包括搭建产品体系、用户体系等；通过"两线相交"，实现快速引流，包括短视频、直播等引流方式；通过"四大触点"，实现精细化运营，从而让每位私域用户都有可能创造更大的价值；通过"长短结合"，实现高效成交，包括营销活动、分销政策等策略。

本书内容从定位到引流、运营、成交，环环相扣。希望通过"结构完整的理论知识＋简单好用的实操方法＋丰富多元的案例分享"，带领大家边学习边实践，早日走上三倍增长的私域运营之路。

未经许可，不得以任何方式复制或抄袭本书之部分或全部内容。
版权所有，侵权必究。

图书在版编目（CIP）数据

私域突围：三倍增长的创收法则 / 刘兴亮，白玉珊著 . —北京：电子工业出版社，2023.7
（数字化转型理论与实践系列丛书）
ISBN 978-7-121-45605-3

Ⅰ.①私… Ⅱ.①刘…②白… Ⅲ.①网络营销 Ⅳ.① F713.365.2

中国国家版本馆 CIP 数据核字（2023）第 085545 号

责任编辑：张　楠
文字编辑：曹　旭
印　　刷：三河市兴达印务有限公司
装　　订：三河市兴达印务有限公司
出版发行：电子工业出版社
　　　　　北京市海淀区万寿路 173 信箱　邮编：100036
开　　本：720×1000　1/16　印张：11.75　字数：225.6 千字
版　　次：2023 年 7 月第 1 版
印　　次：2023 年 7 月第 1 次印刷
定　　价：69.80 元

凡所购买电子工业出版社图书有缺损问题，请向购买书店调换。若书店售缺，请与本社发行部联系，联系及邮购电话：（010）88254888，88258888。
质量投诉请发邮件至 zlts@phei.com.cn，盗版侵权举报请发邮件至 dbqq@phei.com.cn。
本书咨询联系方式：（010）88254579。

作者介绍

刘兴亮

- 知名数字经济学者
- 刘兴亮时间创始人，短视频节目《亮三点》出品人，DCCI 互联网研究院院长
- 工信部信息通信经济专家委员会委员，中关村数字媒体产业联盟执行主席，CCTV 财经频道特约评论员，西南交通大学客座教授，腾讯腾云智库专家
- 全网拥有近千万粉丝
- 主要著作：《数字中国：数字化建设与发展》《重塑人设力》《新基建：党政干部学习读本》《点亮视频号》《区块链在中国》《智能爆炸》《创业 3.0 时代》《智胜江湖》《给生活亮三点》《记忆是一首歌》等

白玉珊

- 互联网商业作家，著有《视频号掘金》《重塑人设力》
- 大视代创始人，刘兴亮时间合伙人，北京网络视听节目服务协会智库专家
- 荣获 G20YEA 评选的"视频号·2021 年度影响力博主 30 人"
- 新媒体资深研究者，研发的视频号、个人品牌等营销类课程的学员数量过万，为多家知名企业提供视频号传播、培训服务

近年来,越来越多的企业开始转型,越来越多的人有了副业意识和创业的想法。而随着线上公域流量的不断减少,搭建私域业态成为目前最适合企业逆势增长、个人副业变现和低成本创业的方法之一。

目前,市面上的私域书籍大多面向企业的规模化运营,极少涉及从0到1进行私域业态搭建的内容。本书弥补了这一空白,不仅能给出已有成熟产品的企业私域运营方法,还能站在个人或小团队的角度讲解,让所有人都有机会挖掘出属于自己的私域金矿!

具体来说,本书先带领大家正确理解私域,希望每个人都能认真看完这部分内容,因为它构建了本书的理论基础和结构框架,后面的内容可视自身情况学习。

在理解了私域概念后,将进行私域的整体规划和布局,包括搭建产品体系、用户体系等。这部分内容,对于刚开始创业的个人或小团队来说非常关键,需要认真阅读并完成实战练习,因为它决定了未来前进的方向;对于已经非常成熟的企业来说,可以参考借鉴,看看是否存在目前还没有做好、需要补充的要点。

接下来进入引流部分,也就是带领大家将各个渠道的流量沉淀到私域。对于没有用户积累的初创企业来说,第2章涉及的所有方法都需要不断学习、实践,之后找到最适合自己的方法;对于已经有很多用户的成熟企业来说,需要做的是把现有用户导流到私域中并进行裂变，同时辅以短视频、直播等引流方式。

在有了私域用户后，就要进行精细化运营，从而让每位私域用户都有可能创造更大的价值，这是私域运营的核心。虽然私域运营的方法很多，但不必全部采用，而是要根据自身情况选择合适的方法。例如，对于很多通过私域进行副业变现的个人来说，用户体量不大，没有必要搭建完善的会员体系，不机械、不常规的情感触达会显得更真实；对于体量较大的企业来说，要有标准化的会员体系、运营流程、交流话术等，这样才能更高效地实现运营目标。

相对于公域成交，私域成交似乎铺垫了很多，复杂了很多。但我们需要知道，如果能直接在公域成交，甚至直接在公域不断产生复购、裂变，就没必要运营私域了。就是因为直接在公域成交的难度很大、成本很高，我们才要把用户沉淀在私域，之后施以持续不断的影响。

最后一章是案例分享，大家可从中找到对标的案例，并借此打开思路。

本书从定位到引流、运营、成交，环环相扣，希望大家边学习边实践，早日走上三倍增长的私域运营之路！

著者

2023 年 1 月

目录 CONTENTS

第 1 章 确定方向

1.1 了解私域 …… **002**
- 1.1.1 私域的定义 …… 002
- 1.1.2 为什么私域火了 …… 003
- 1.1.3 私域运营的核心 …… 004
- 1.1.4 做私域的误区 …… 006
- 1.1.5 搭建私域业态的步骤 …… 009

1.2 找到战略定位 …… **010**
- 1.2.1 确定从事的行业 …… 011
- 1.2.2 明确核心优势 …… 011
- 1.2.3 确定运营目标 …… 012
- 1.2.4 确定产品体系 …… 013

1.3 确定价值网络 …… **017**
- 1.3.1 私域产权力 …… 018
- 1.3.2 单客价值度 …… 020
- 1.3.3 用户推荐率 …… 023

第 2 章 快速引流

- 2.1 短视频引流 ········· 030
  - 2.1.1 私域的账号布局 ········· 030
  - 2.1.2 3+3 爆款法 ········· 031
  - 2.1.3 短视频的脚本创作 ········· 037
  - 2.1.4 短视频的拍摄技巧 ········· 055
  - 2.1.5 用手机剪出大片 ········· 060
  - 2.1.6 短视频的全平台发布 ········· 066
- 2.2 直播引流 ········· 069
  - 2.2.1 策划直播主题 ········· 070
  - 2.2.2 预热宣传 ········· 070
  - 2.2.3 写好直播提纲 ········· 072
  - 2.2.4 做好开播前的设置 ········· 072
  - 2.2.5 直播中引导互动 ········· 076
  - 2.2.6 直播后做好售后及复盘 ········· 078
- 2.3 实体店引流 ········· 080
  - 2.3.1 将进店流量沉淀到私域 ········· 080
  - 2.3.2 通过营销活动吸引更多人进店 ········· 081
- 2.4 裂变引流 ········· 083
  - 2.4.1 "品牌型私域+实体型私域"的裂变活动 ········· 084
  - 2.4.2 个人 IP 型私域的裂变活动 ········· 085

第 3 章 精细运营

- 3.1 微信号运营 ········· 088
  - 3.1.1 通过微信号打造人设 ········· 088
  - 3.1.2 通过私聊增加用户黏性 ········· 094
- 3.2 社群运营 ········· 095
  - 3.2.1 私域社群的搭建方法 ········· 095
  - 3.2.2 做社群要通人性 ········· 097

		3.2.3　有效管理社群 ··· 100

	3.3　视频号运营 ·· 103

		3.3.1　通过短视频增强信任感 ·· 103

		3.3.2　通过直播拉近距离 ··· 104

	3.4　会员运营 ·· 106

		3.4.1　会员机制设计 ·· 106

		3.4.2　会员精准触达 ·· 112

		3.4.3　会员洞察 ··· 113

		3.4.4　会员运营案例 ·· 114

第 4 章　高效成交

	4.1　营销素材 ·· 118

		4.1.1　营销素材的三要素 ··· 118

		4.1.2　描述产品卖点 ·· 118

		4.1.3　阐述立刻购买的理由 ·· 120

		4.1.4　提供购买途径 ·· 122

	4.2　私聊话术 ·· 124

		4.2.1　挖掘真实需求 ·· 124

		4.2.2　梳理产品价值 ·· 125

		4.2.3　了解真实顾虑 ·· 125

		4.2.4　给出解决方案 ·· 126

	4.3　社群活动 ·· 127

		4.3.1　临时群做分销活动 ··· 127

		4.3.2　临时群做促销活动 ··· 128

		4.3.3　长期运营群做分销活动 ·· 130

		4.3.4　长期运营群做促销活动 ·· 130

	4.4　直播带货 ·· 131

		4.4.1　直播的分类 ·· 131

		4.4.2　直播间的产品结构设计 ·· 132

		4.4.3　直播间的带货流程设计 ·· 133

		4.4.4　"直播＋社群"组合营销案例 ·· 134

4.5 客户复购 ·· 136
    4.5.1 提高复购率的3个核心思维 ·· 136
    4.5.2 提高复购率的步骤 ·· 138
4.6 分销制胜 ·· 139
    4.6.1 分销员体系的运营思路及关键步骤 ······································ 140
    4.6.2 分销员的招募 ·· 141
    4.6.3 分销员的业绩方案结构 ··· 144
    4.6.4 分销员的培训 ·· 146
    4.6.5 分销员的推广管理 ·· 148

第5章 行业案例

5.1 母婴行业：缤趣小方 ··· 154
    5.1.1 品牌背景 ·· 154
    5.1.2 引流 ·· 154
    5.1.3 运营 ·· 154
    5.1.4 成交 ·· 155
5.2 鞋服行业：奥康 ··· 156
    5.2.1 品牌背景 ·· 156
    5.2.2 引流 ·· 156
    5.2.3 运营 ·· 157
    5.2.4 成交 ·· 158
5.3 美妆行业：透蜜 ··· 158
    5.3.1 品牌背景 ·· 158
    5.3.2 引流 ·· 159
    5.3.3 运营 ·· 160
    5.3.4 成交 ·· 162
5.4 餐饮行业：日食记 ·· 162
    5.4.1 品牌背景 ·· 162
    5.4.2 引流 ·· 162
    5.4.3 运营 ·· 163
    5.4.4 成交 ·· 163

- 5.5 烘焙行业：熊猫不走 · 164
  - 5.5.1 品牌背景 · 164
  - 5.5.2 引流 · 165
  - 5.5.3 运营 · 165
  - 5.5.4 成交 · 165
- 5.6 超市便利：city' super 超·生活 · 167
  - 5.6.1 品牌背景 · 167
  - 5.6.2 引流、运营 · 167
  - 5.6.3 成交 · 168
- 5.7 零食行业：三只松鼠 · 168
  - 5.7.1 品牌背景 · 168
  - 5.7.2 引流 · 169
  - 5.7.3 运营 · 170
  - 5.7.4 成交 · 171
- 5.8 百货行业：南京新百 · 172
  - 5.8.1 品牌背景 · 172
  - 5.8.2 引流 · 173
  - 5.8.3 运营 · 173
  - 5.8.4 成交 · 174
- 5.9 培训行业：安姐有约 · 174
  - 5.9.1 品牌背景 · 174
  - 5.9.2 引流 · 175
  - 5.9.3 运营 · 175
  - 5.9.4 成交 · 176

第1章
确定方向

1.1 了解私域

1.1.1 私域的定义

有人把私域看作触达用户的场域，如把社群等同于私域；也有人把私域看作流量本身，如把微信好友数量看作私域；还有人把私域看作数字化资产，如把私域的数据和其他资产一起作为企业估值的凭据……这些都没错，是从不同的角度理解私域，但本书讨论的私域不是某个单一的方面，而是整体的商业业态。

本书对私域的定义是，能随时且有效触达特定用户的新业态。它有4个关键词：随时触达、有效触达、特定用户、新业态。

1. 随时触达

目前，市面上所有承载流量的产品，哪个能够实现随时触达呢？

首先，平台型的产品无法实现。例如，我们在淘宝开店、在抖音开直播时，流量是平台给的，这属于公域流量，不是我们想触达谁就能随时触达的。

那我们自己开发的产品呢？从理论上讲，如果我们开发一个App，只要用户下载了该App，用户就能成为我们的私域。但实际上，App也无法实现随时触达，因为用户不太可能每天都打开这个App，只可能因为它总是推送消息而卸载它。

微信是目前市面上唯一一个满足"随时触达"这一条件的产品，所以很多人就把私域运营直接等同于在微信上运营客户。但我们要明白，它们之间之所以能画等号，是因为微信目前满足随时触达的特性，所以是私域运营的最佳载体，如果有一天我们使用的主流社交软件已不是微信，那么我们的私域运营就会迁移到另一个产品上。

2. 有效触达

即便把所有的用户都添加到微信上，能实现随时触达，但也不是所有的触达都是有效触达。

例如，微信里会有一些频繁发送广告的人，很多人不看广告甚至屏蔽广告，这样的触达就不是有效触达。类似的情况还包括在社群里发送其他人毫不关心的信息。如何做到有效触达呢？第3章将会对此进行专门介绍，这里不再赘述。

3. 特定用户

本书中"用户"一词涵盖了所有能触达的人群，包括全渠道曝光人群（公域触达的人群）、粉丝（关注你新媒体账号的人群）、潜在客户（沉淀在微信生态或有购买意向的人群）、客户（产生过购买行为的人群）、会员/关键客户（忠诚度高的客户）、分销员（为产品做分享、裂变的人群）。

触达特定用户是指将用户分类后实现精准触达，即将指定内容展示给指定用户。

4. 新业态

业态（即商业业态）指的是经营者为满足不同的消费需求而形成的经营模式或经营形态。新业态是相对于传统商业业态（购物中心、专卖店等）而言的。

若想成为一种商业业态，而不只是一个流量通道，则至少需要满足以下两个前提。

- 第一，要有战略定位，需要确定从事的行业、核心优势、运营目标及产品体系。
- 第二，要有价值网络，包括用户和合作伙伴等，以及信息和资金如何在其中流动。

也就是说，不能在没有目标、没有产品、没有私域销售体系，只是在添加了一堆微信好友或创建了几个群的情况下，就说自己建立了私域业态。

1.1.2 为什么私域火了

商业的核心是流量，没有流量就没有生意，更谈不上盈利。例如，一家餐厅，没人进店、没人点外卖（没有流量），这个店就开不下去。所以，一直以来，更低成本的流量在哪里，机会就在哪里。

"私域流量"这一关键词是在 2019 年爆发的，为什么是这一年呢？原因有以下两个。

- 一是流量饱和了。2019 年，我国移动互联网的网民数已经趋近于我国的总人口数，并且在 2019 年第二季度首次出现负增长。
- 二是流量越来越分散了。除了私域流量，2019 年，还有一个关键词是直播带货。直播带货的大火，意味着每个人都可以成为一个商家，每个人都可以成为一个自媒体，拥有一部手机就可以随时开播卖货，门槛极低，人人都可以上手。在这种情况下，流量被无限分散。

基于以上两个原因，付费的公域流量变得越来越贵，如淘宝直通车的推广价格水涨船高；免费的公域流量变得越来越难以获取，如成长为抖音大号的难度很大。在这种背景下，可以重复利用的私域流量变得越来越受欢迎。

也就是说，私域流量之所以受欢迎，是因为与它相对的公域流量衰退了。当大家发现只靠一条腿发力很艰难时，自然会双腿并用。

1.1.3 私域运营的核心

我们不能只盯着进来多少新流量，而是要将获取的公域流量转换为私域流量，并进行精细化运营，在转化和复购流程的优化中提升客户的终身价值，不断将私域流量进行裂变，实现更低成本的精准获客。

换句话说，就是从向 100 位客户销售 1 件产品，转化为向 1 位客户销售 100 件产品，即提高客户终身价值。

例如，做知识付费的商家，常用的获客方式是通过在各大平台上（抖音等）投放低价引流课（如 9.9 元的课程）获取精准客户，之后向这些客户推荐高价课程。

如果以公域流量思维为主，那么执行方法是让更多的人知道并来购买低价引流课（没有转化成功的流量就没有价值），即重点在于扩大公域投放触达的用户基数，以及图 1-1 中 1→2 的转化。

如果以私域流量思维为主，那么即便当下没有将流量转化成功，但只要沉淀在私域里，就有价值。接下来，通过社群、朋友圈、私聊的方式持续触达客户，建立信任基础。若客户在之后的某次课程营销中产生了购买行为，则这个时候的流量不是额外花钱购买的，获客成本几乎为 0。这个转化路径可参考图 1-1 中的 3→4 及 3→5→2。

除了从转化和复购中提升客户的终身价值，还要进行裂变，即让老客户推荐新客户。

以知识付费为例，假如利用公域流量获取一个精准客户（购买引流课）的成本为 100 元，在 10 个精准客户中仅有一个能转化为高价课客户，那么高价课的获客成本是 1000 元。但是，如果商家对老客户的运营能力强，老客户推荐其他人报名了高价课，那么对于商家来说，可以直接省去 1000 元的获客成本。这个转化路径可以参考图 1-1 中的 8 和 6→7。

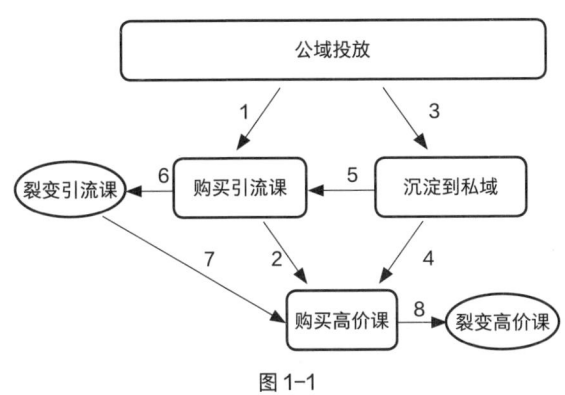

图 1-1

除了转化路径的侧重点不同，当我们做所有的事都围绕着"提高客户终身价值"这一原则时，就不会去做一些也许能带动短期收益，但会吓跑潜在客户及加速客户倒戈的事。例如，为了让客户购买课程，夸大甚至捏造课程带来的效果；为了降低运营成本，连锁餐厅用冷冻、预煮食材代替新鲜、定做的食物；为了降低人工成本，健身房不聘用专门的销售人员，而是让健身教练在训练过程中时不时推销……

当我们贯彻执行"提高客户终身价值"原则时，所有利益相关方都会受益：客户将体验到令自身生活更方便、丰富、有乐趣的产品和服务；员工会因客户的持续购买而获益；管理层、投资者会看到利润和股东价值的增长；社会将受益于创新和投资带来的经济增长。

1.1.4 做私域的误区

1. 不做生意，私域运营与我无关

每个人都应该具备私域思维！

举个例子，过年期间我和家人去滑雪，并为家人聘请了一位滑雪教练，我叮嘱滑雪教练在教会后帮忙拍摄一段视频。其实不需要他拍得多好，只要视频素材长一点或多拍几段素材，我就能剪辑出来一个还不错的短片在朋友圈分享。然而这个教练拍出来的素材非常短，仅有10秒，并且是一个摇摇晃晃的、近距离的背影视频。我在剪辑时实在无从下手，就没能进行分享。

如果这个教练具有私域思维，那么哪怕客户不提要求，他也会主动帮客户拍摄视频，甚至可以在稍微剪辑后发给客户。这样一方面可以加上客户微信，增加好感，之后客户再来滑雪时大概率还会直接找他学习；另一方面，如果客户转发朋友圈，该教练就有可能获得新的客户。

虽然说不用每个人（例如这个滑雪教练）都按照本书的方法去完整布局私域，但每个人都应该具有经营私域的意识。即便我们的岗位不用直接接触客户，也不用销售产品、销售服务，但只要我们还在工作，就具有人力资源价值，运营好私域也会帮助我们获得更好的工作机会，甚至是人生机遇。

2. 公域流量不重要

从字面上看，公域流量和私域流量的含义相反，所以很多人认为做私域流量就不用管公域流量了。但实际上，在运营初期，大部分私域流量都是由公域流量转化而来的，可以说若没有公域流量，就没有私域流量。例如，某饮品品牌积累了近4000万的私域流量，这些私域流量从哪里来的呢？从一家家门店的客流（公域流量）转化而来。

现在我们强调私域的重要性，意味着我们不能只做公域，而不是不做公域。通过研究就会发现，那些仅靠私域不断裂变、做大做强的，可能会变得越来越像传销。所以，本书的第2章将会介绍如何从各个平台获取公域流量，并沉淀到自己的私域。当然，随着积累的私域流量越来越多，在公域上的投入可以逐步减少，依靠私域的复购和裂变来实现持续增长。

3. 不做定位就盲目开始

市面上的各种私域教程都默认你已做好了定位，有明确的目标，知道要在私域里销售什么，知道自己的客户是谁，之后直接教你如何去运营和转化。但从我接触到的个人或企业来看，他们往往在定位环节就存在很大的问题，从而导致一步错、步步错。

个人创业者容易把私域运营等同于在朋友圈或社群中卖货：一方面货源的选择是看自己正好遇到了什么资源，而不是基于自身的优势去努力寻找和精心挑选；另一方面，运营者在确定货源后只是绞尽脑汁地发朋友圈，没有做到效率最大化。

例如，一位宝妈想通过副业补贴家用，她的一位朋友正在销售代餐奶昔，也能帮她对接货源，她在试用后觉得不错，并且看到朋友团队里很多人能月入过万，于是她开始了销售代餐奶昔的副业生涯。

可是她自身的优势是非常会做饭，尤其是宝宝餐，几乎每天不重样，自己也乐在其中。在开始销售代餐奶昔后，她的精力全部投入副业中，并且由于她性格内敛，不好意思去打扰微信好友，所以业绩并不好。

如果她能够根据自身优势，选择做一个母婴博主，持续分享宝宝餐的花式做法，就可以为各种各样的母婴类产品带货。做内容营销，而不是单纯的产品推销，更契合她的性格。

再来说说企业。企业布局私域的做法往往只是把客户加在微信上，增加一个触达客户的渠道，而不是基于"提升客户终身价值"这个原则做整体的规划和布局。

例如，某玩具企业把在电商平台上购买过它们产品的客户都加到微信上，一旦推出新品或有促销活动，就通过微信转发给所有客户。这样持续了将近一年的时间，销量并没有得到大幅提升。

在了解到私域的运营方法后，该企业先制定了一年的销售额目标，然后将目标进行拆解，预估要有多少复购、有多少新客户才能达成这个目标，再基于此完善产品体系和价值网络。

一方面，该企业在产品体系里增加了裂变品（裂变品的具体解释在第 1.2 节），并从客户中挖掘出了百位"玩具动员官"，即想要推荐、分销产品的伙伴。这些人以前只是自己购买产品，现在被挖掘出来，能为企业带来更多的客户，从而让每个人的价值都增长数倍。

另一方面，该企业建立会员机制，基于产品颜值高、有创意的优势，鼓励客户分享使用场景和感受，并且选出优质内容发布在企业的社交平台上。分享者会得到一定的积分，积分能兑换玩具产品及其他的福利，而达到一定积分的客户更能得到有客户名字或特定祝福语的定制款礼物。这样一来，不仅老客户的参与感和黏性增加了，而且这样的 UGC（用户生成内容）吸引来了更多的新客户。仅用半年的时间，该企业在私域的销量较之前翻了 3 倍。

4. 做私域就要有社群

很多人都认为做私域一定要有社群，如粉丝群、福利群等。社群是一个非常好的运营工具，但并不是一定要具备的元素。当你还不清楚社群能够给用户提供什么样的持续价值或者没有足够的精力去运营社群时，不要轻易建群。每天发一个你的产品链接，这不是什么价值，反而会让人反感。

不建群怎么运营呢？有重大活动的时候可以发私信给相关的人员，日常运营可以通过朋友圈、公众号、视频号等去持续影响。

例如，我曾经在旅游时购买过一份当地的特产，当时商家就加了我的微信，不过没有拉我进群，也没有私信过我，而是通过丰富的朋友圈内容来吸引我复购，效果很好。

5. 没有充分看到用户的价值

不愿意或没有能力购买自己产品的用户就没有价值，这也是很多人的一个误区。私域覆盖的人群并不只是和你产生购买行为的人，还有你的合作伙伴。

如果大家有我的微信，那么我也是你们的私域用户，我也许不会购买你的产品，但是我们之间可能会产生合作，或者你从我这里得到一些前沿的信息，这些信息带来的价值远大于我去购买你的产品带来的价值。

例如，对产品没有需求的人，他们也许有利用副业创收的需求，那么在建立信任感后，他们就可以成为你的分销员，帮你扩大销量。

1.1.5 搭建私域业态的步骤

1. 确定方向——一位一网

不管做什么事，首先需要找准方向，即确定自己的商业模式，也就是需要思考战略定位及价值网络，简称一位一网。

本书将私域分为 3 种类型：个人 IP 型私域、品牌型私域、实体型私域，大家可以对号入座，在后面的章节中我们会用这 3 个词来代指不同的私域类型。个人 IP 型私域就是基于个人影响力建立的私域。品牌型私域主要是基于线上品牌建立的私域。实体型私域是基于线下实体店建立的私域。

2. 快速引流——两线相交

其实每个人都是有私域的，微信好友就是你的私域。但是若想有更多增长，就需要在运营好现有私域用户的同时，通过线上、线下的渠道去吸引更多的用户沉淀到你的微信生态中，并策划活动让现有用户基于自己的社交关系去传播、裂变，我们把它称之为两线相交。这部分内容会在第 2 章中详细阐述。至于具体采用什么样的方式来引流，大家可以视自己的情况而定，不一定用我们讲解的方法。

3. 精细运营——四大触点

把用户沉淀在私域后，我们要持续运营，可以通过微信生态的微信号（朋友圈、私信）、视频号及公众号、社群、小程序（主要用于搭建会员体系）这 4 类工具去触达、影响用户，建立信任感，增加黏性，为成交、复购、裂变做铺垫。这部分内容会在

第3章详细阐述。对于体量较小的个人商家来说，可以不用搭建会员体系，借助微信号的标签功能将用户分类即可。但对于有一定规模的商家，建议借助数字化工具建立完善的会员体系，真正做到精细运营。

4. 高效成交——长短结合

在建立了信任感后，要通过营销活动（短期）、分销政策（长期）等策略，运用私聊、社群、直播等工具进行私域成交。这部分内容会在第4章详细阐述。

总体来说，若想做好私域，就要落实"一位一网、两线相交、四大触点、长短结合"这16字方针。后面的章节也是按照这16字方针展开的。

需要注意的是，虽然搭建私域业态分为4个步骤，但在实际操作时往往是同时进行的。举例来说，引流是持续的，而不是只在开始时引流一个月，之后就不再引流，只做运营和转化。只不过每个阶段的侧重点不同而已。

假设第一季度的重点是引流，计划每周进行3次直播，每天发送1个视频，同时设计裂变活动来引流。但与此同时，对于沉淀到私域的用户，要同步开展运营工作，即通过朋友圈、社群、社交媒体账号分享有价值的内容来增加用户的信任感，建立会员机制调动用户互动的积极性。成交、转化几乎是同时进行的，一方面在引流时有可能直接成交（如通过直播引流，会有一些用户直接在直播间下单）；另一方面，进入私域的用户可能立刻被某个营销活动打动，实现成交，所以在以引流为主的第一季度，每月也要有1~2次营销活动。

当私域用户足够多，重点放在运营、转化上时，就可以调低引流活动的比重，增加运营及营销类的活动。

1.2　找到战略定位

对于已经有成熟产品的企业和个人，这一节的内容可以略过不看。而对于准备进行私域创业的人，要考虑如何确定自己适合什么行业，以及用什么样的产品来创收。找准战略定位，可分 4 步来进行。

1.2.1 确定从事的行业

我们要基于自身的经历及资源确定从事的行业。例如，对于多年深耕服装行业的人，可选择服装这个熟悉且有供应链、有客户积累的行业。但如果选择较多，则建议利用波特五力模型来逐个进行分析，选出竞争压力相对较小的行业。

波特五力模型是迈克尔·波特（Michael Porter）于 20 世纪 80 年代初提出的。他认为行业中存在着决定竞争规模和程度的 5 种力量，这 5 种力量综合起来将影响产业的吸引力，以及现有企业的竞争战略决策。5 种力量分别为同行业内现有竞争者的竞争能力、潜在竞争者的进入能力、替代品的替代能力、供应商的讨价还价能力与购买者的议价能力。

假设要开一家咖啡馆，我们可以利用波特五力模型来做分析。在现有竞争者方面，有星巴克、Costa、瑞幸等咖啡企业；在潜在竞争者方面，有便利店、书店等各类门店；在替代品方面，针对体验感的替代品有各种果汁、奶茶，针对咖啡本身的替代品有速溶咖啡、挂耳咖啡等；在供应商方面，如果是单店，则体量不大，议价能力不强；在购买者方面，如果咖啡馆环境好，则吸引的是为环境买单的消费者，其对价格不会太敏感，但如果环境一般，则吸引的是单纯想喝咖啡的消费者，其对价格的敏感度就会较高。综上所述，开一家咖啡馆可能不是一个很好的选择。

1.2.2 明确核心优势

核心优势即我们所具备的、强于大部分竞争对手的能力，一般分为硬实力（如学历、资产、奖项等可证明的能力）和软实力（如思维能力、沟通能力、学习能力、团队协作能力等）。

以自媒体行业为例：专注于家庭教育的博主娜姐，是剑桥大学的博士，相对于其他的育儿博主，她的核心优势是学历，她通过自媒体账号名称"剑桥唐博士"来直接体现其优势；再比如，旅游博主房琪，在她的视频里，把比其他旅游博主文案能力更强这一优势发挥得淋漓尽致，从而让她成为了最具记忆点、最受欢迎的博主之一。

所以，我们需要分析自己的核心优势是什么。如何分析呢？

- 第一，列出自己的所有优势。例如，行业人脉、资深的从业背景、沟通能力、策划能力、乐观的心态、勤奋有毅力、气质出众……如果不知道自己的优势是什么，则可先列出让自己有成就感的若干事，再分析做成这些事需要什么能力，最后把这些能力一一记录下来，这些能力就是我们的优势。
- 第二，列出从事这个行业必备的素质。例如，已经确定了要做婚姻咨询这个行业，那就至少要有从业背景或相关资质证明，以及较强的沟通能力。
- 第三，从优势中排除几个多数人都具备的素质项（当然，如果这个素质项远高于选定行业的平均水平，就不必排除），把剩下的几条优势分别和选定的行业进行匹配，留下能"有机结合"的。例如，将"行业人脉"这一优势和婚姻咨询结合，那么基于这一核心优势就可以提供更全面的服务：当咨询者需要法律服务时，可以推荐能提供婚姻咨询服务的律师；将"气质出众"这一优势和婚姻咨询结合，那么可多出镜，让外在形象为自己增加记忆点；但像"勤奋""有毅力""乐观的心态"等优势是面对所有事情的态度，很难像"行业人脉"一样有针对性，也很难像"气质出众"一样明显，所以不容易与行业结合并重点展现。
- 第四，对能与行业"有机结合"的优势进行分析，看看同行中有没有已经借助某个优势做得很好的案例，如果有，则排除这一优势或在此基础上叠加其他优势。例如，已有其他做婚姻咨询的人能够提供给客户一整套资源，但其气质一般，很难从形象上获得好感，那么我们就可以把行业人脉和外在形象这两个优势叠加，形成一个新的组合。注意：优势叠加不宜太多，1~2个为宜。
- 第五，从所有组合中选择能和同行拉开最大差距的优势，这就是我们的核心优势。

1.2.3 确定运营目标

运营目标即希望通过私域运营达到的效果，如营收300万元/年。

那么,怎么定出这个目标呢？有两个维度：一个是内心期望值，如营收500万元/年；

另一个是与我们实力相当的同行的经营情况，如平均营收 200 万元 / 年。综合考虑，我们把目标定在 300 万元 / 年是比较合理的。当然，也可以直接按照内心的期望值去制定目标，但如果目标过高，则实现起来会比较困难，可能会打击信心。

1.2.4 确定产品体系

在确定了核心优势及运营目标后，就可以确定产品体系了。

怎么确定呢？举例说明。先将整体的战略定位缩小成一次直播带货。运营目标相当于这场直播的 GMV（商品交易总额），产品体系即直播选品。我们的核心优势是专业过硬且积累了 1000 多名的高质量私域用户，这些用户对价格不敏感，并且非常信任我们。运营目标是这场直播的 GMV 达到 10 万元以上，预计至少有 10% 的人（也就是 100 人）在被邀请进直播间后会购买产品，那么我们就可以基于此假设确定产品体系（也就是这场直播要带货的产品）。

首先，10 万元的 GMV 平均到 100 人，即 1000 元，也就是直播间主推产品的单价最好在 1000 元左右。然后，基于这个价格去选择或设计产品。

但如果我们不是基于自己的核心优势及运营目标去确定产品，而是先去选品，那么大家会怎么做呢？大概率会直接选择所谓的爆品，也就是经过众多主播验证过的在直播间好卖的产品，这类产品的性价比极高，如 9.9 元的纸巾、零食等。但其他主播卖得好，不代表也适合我们自己。例如，其他主播的直播间的观看人数超过 10 万人，而我们的直播间仅有几千人，即便想要依靠低价走量，也是行不通的。

所以，在设计产品时，要先根据核心优势及运营目标去确定产品的一个价格区间。

虽然思路已经明确，但私域运营是一个长期战略，而不是几个小时的直播，所以产品运营往往是一套组合拳。引流品、利润品、背书品、裂变品、衍生品等互相关联，最终达到运营目标。

1. 引流品

引流品即入门产品，用来获取流量。一般情况下，这类产品往往性价比极高且受众广。性价比高是指相对于市场公认的价值，定价要优惠很多。

例如，生鲜平台用 1 元 1 盒的鸡蛋吸引用户在平台注册下单。鸡蛋的价值是多少大家都知道，显然，1 元 1 盒的鸡蛋（如 6 个）是性价比超高的。

错误的做法：将产品原价设定得非常高（远高于市场上这类产品的公认价格），但折扣力度非常大，以此作为引流品。

另外，引流品基本不会产生利润，引流仅是为了把流量转化到利润品上，所以引流品一定要和利润品挂钩。

例如，利用鸡蛋将日常有购买生鲜需求的人引流到平台上，培养消费习惯，当用户再在平台上购买水果、海鲜等利润品时，平台就可以实现盈利。

错误的做法：引流品的销量高，但是引流品和利润品的关联度不大。因为极少有人购买利润品，所以几乎没有盈利。

2. 利润品

利润品，即利润率较高的产品，也是私域运营的主要利润来源。利润品一般都是主打产品，但也不绝对。例如，很多餐厅的主打产品是特色菜，但利润品却是酒水。

即便不把利润品作为主打产品，但为了持续盈利，可让其他产品都围绕利润品来设计，从而卖出更多的利润品。

3. 背书品

什么是背书品？背书品就是能够增加用户对我们信任感的产品。这一点在私域运营中尤为重要，只有用户充分信任，才会购买，从而产生复购、裂变等。

例如，对于个人 IP 型私域，背书品可以是一本著作。书籍本身的单价、利润率都不高，但有了背书品，则可在一定程度上证明你在某个领域的专业度，有助于利润品（如知识付费产品）的售卖。对于品牌型私域，背书品可以是一款获得了设计大奖的产品，也可以是某明星推荐过的产品，还可以是在电商平台销量或评分排名非常靠前的产品。

背书品是可以和引流品重合的。例如，可以通过某款销量很好的引流品（爆品）来说明产品很受欢迎，以此来背书。背书品也可以和利润品重合。例如，一款被很多名人推荐过的产品，它本身也是利润品，可以直接作为背书品，而不用再另外寻找背书品。当然，也可以将背书品、引流品、利润品区分开来。例如，背书品是自己的著作，引流品是9.9元的课程，利润品是上千元的训练营。

4. 裂变品

裂变品的特质和引流品是相反的。相对而言,它的单价较高,性价比较低。例如，引流品和裂变品的成本相同，但引流品的价格设定为9.9元，裂变品的价格设定为19.9元（需要留出利润空间，作为分销人员的佣金）。

引流品为一个有公认价值的产品（如鸡蛋），而裂变品可选用价值不那么清晰，或者在市场上价格差异很大的产品（如香水）。这样在为产品定价时，可以留出利润空间。

引流品是通过自身的高性价比吸引用户购买来获得流量的，而裂变品是通过高佣金吸引更多的人协助卖货来获得流量的。当然，也不能为了高佣金而胡乱设置价格，如果分销人员发现产品并不好卖，那么再高的佣金都没有价值。

5. 衍生品

当有了一批信任我们的客户，但我们的产品有限、不能满足客户更多的需求时，若想留住客户，则可通过合作的方式来扩展衍生品。衍生品的受众需要与主打产品的受众一致。例如，做高端女装定制的商家，可以和销售珠宝的商家合作，因为两者的受众都是高收入女性。

需要注意的是，对于合作或联名的产品一定要有深入地了解，必须保证产品质量，不然将会失去客户的信任。

以上5类产品不一定非要集齐，大家可以视情况不断组合，从而更好地发挥核心优势，更接近运营目标。

实战练习 1

确定从事的行业

行业	现有竞争者的竞争能力	潜在竞争者的进入能力	替代品的替代能力	供应商的讨价还价能力	购买者的议价能力

明确核心优势

1. 列出自己的所有优势	
2. 列出从事这个行业必备的素质	
3. 从 1 中剔除 2 中没有的或无法和行业很好结合的项，并列出剩余的项	
4. 对 3 中所有优势进行分析，列出所有"优势（叠加优势）+ 行业"的组合	
5. 从 4 中选出能和同行拉开最大差距的组合，即为核心优势	

确定运营目标

期望目标	行业平均水平	实际目标

确定产品体系

产品类型	产品名称	产品介绍	产品单价 / 利润	预计私域销量 / 年
引流品				
利润品				
背书品				
裂变品				
衍生品				
预计年度总营收 / 利润				

注：有几类产品就写几类；"预计私域销量 / 年"中的内容应与运营目标相差不大，如果差别较大，则需要重新调整产品体系。

1.3 确定价值网络

私域作为一种商业业态,除了有战略定位,还有价值网络。

价值网络的各个节点就是我们的用户(及合作伙伴等),而信息(及资金、产品等)在其中的流动就形成了连接各个节点的动线,如图 1-2 所示。

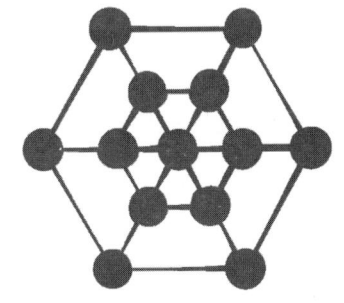

图 1-2

也就是说,当我们有了用户及触达他们的路径就能形成价值网络。但如何衡量价值网络搭建得是否完善呢?可以通过有赞平台(有赞是一家零售科技 SaaS 服务企业,可帮助商家进行网上开店、社交营销,以及提高留存复购、拓展全渠道新零售业务)的"私域三角"经营力模型切入,从 3 个维度去衡量,如图 1-3 所示。

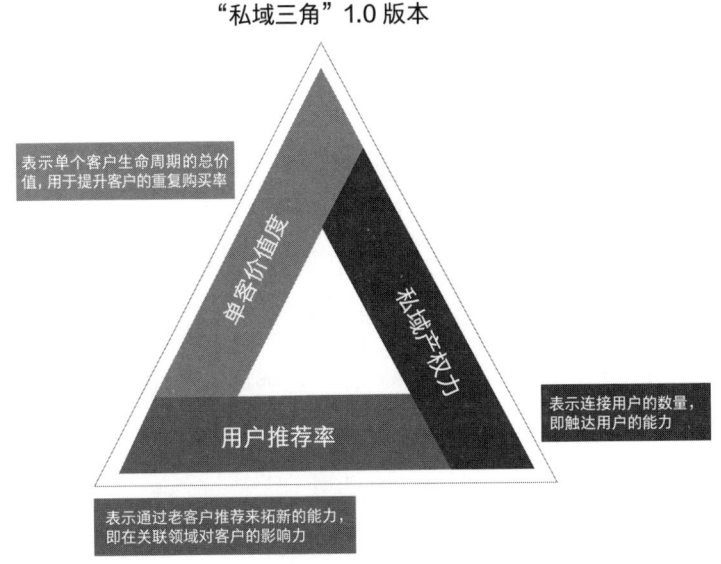

图 1-3

1.3.1 私域产权力

私域产权力体现在两个方面：一是建立连接的用户数量；二是信息触达用户的能力。

1. 建立连接的用户数量

在运营范围内，建立连接的用户数量越多越好。若想提高运营能力，则要对用户进行分层管理。例如，我们将用户分为 3 层：粉丝层、客户层、分销层。

先说说粉丝层。本书对粉丝的定义是，对社交媒体账号进行关注，但还没有产生购买行为的用户。

粉丝层还可以再做细分，即分为以下 3 级：

- 第一级，只对内容感兴趣。
- 第二级，对内容感兴趣且愿意主动连接。
- 第三级，不仅对内容感兴趣还对产品感兴趣，从而产生咨询行为。

分级是为了更好地运营和转化，所以针对这 3 级人群，需要实施有差别的运营策略。例如，可以将各种产品活动信息发给对产品有兴趣的用户，但这类信息不适合频繁发给其他粉丝。

再说说客户层。已经产生了购买行为的用户可以升级为客户，按照对品牌的黏性、购买频次、重视度等维度对客户分级，可分为普通客户、高级客户、铁杆客户。

具体以什么标准划分客户等级，大家可视情况而定。例如，以低客单价购买引流品的为普通客户；以高客单价购买利润品的为高级客户；多次购买产品的为铁杆客户。

当然，也可以设置会员积分制（在第 3.4 节中有详细讲解），购买产品或参与互动则可以获得相应积分，按积分设置等级（这时等级可以不限于 3 级）。

在运营上，不同等级的客户要区别对待，以便让客户明显感受到"忠诚度"带来的好处，从而让他们不会轻易离开。

最后说说分销层。处于这一层的用户不仅是购买产品的客户，还是愿意销售产品的客户。

分销层也可以分为多个等级，如普通分销员、高级分销员、合伙人。若想让更多的客户帮助我们分销，则要设置一定的精神奖励及物质奖励。最常见的就是设置分销佣金，即分销出去一件产品，就能得到相应比例的提成。

例如，"知识付费型"品牌"秋叶大叔"通过发展自己的合伙人——"学习大使"，与用户建立一对一的连接，实现私域产权力的提升。"学习大使"可能是"秋叶大叔"的员工，也可能是老学员，他们通过在社交圈的推广、介绍，给"秋叶大叔"带来更多的新学员。当然，每带来一位新学员，"学习大使"都可以获得一笔佣金。根据有赞平台的数据，截至2021年第一季度，"秋叶大叔"已经有16 000多名忠实会员加入了"学习大使"的队伍中。

分销佣金可以很简单地按统一比例设置，如30%；也可以设置为阶梯佣金，不同等级的分销员的分成比例不同；还可以在阶梯佣金的基础上额外设置奖励，用于鼓励在某一阶段表现突出的分销员。

2. 信息触达用户的能力

信息触达用户的能力主要是指信息能够直接到达用户的能力，也包括生产的优质内容可以曝光在用户面前的能力。真正的用户连接，是需要具备持续的用户触达能力的。

通过对有赞商家成长历程的复盘和总结，可以将建立用户触达的能力拆分为6个方面，如图1-4所示。已经开始做私域运营的读者可以对照参考自己做到了哪些方面，还没有开始做私域运营的读者需要思考如何做到各个方面的触达。

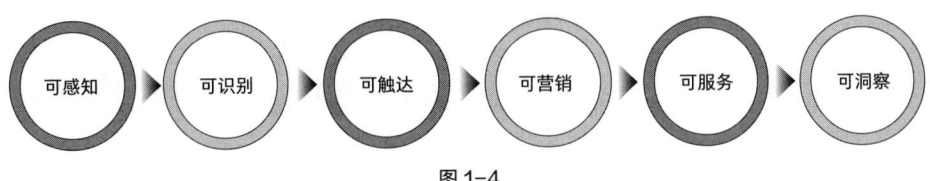

图1-4

- **可感知**：在与用户建立连接的一开始，要让用户有效感知自己和商家之间建立的联系。例如，感谢用户关注、加好友，说明可随时咨询问题等。

- **可识别**：在连接的基础上，对用户进行运营。运营开始之前，设计消费者标签，构建消费者基础画像（常规属性——年龄、性别、地域、职业、教育、收入及消费水平；潜在属性——闲、宅、容貌、焦虑、二次元、缺乏安全感等），对用户进行有效识别，进而支撑营销链路中售前精准营销所需的洞察分析。

- **可触达**：用户触达的主要作用是将优质的内容传递给用户。有效的用户触达分为两个方面：一是当用户主动连接时，能得到及时、有效的互动反馈；二是即使用户不主动连接，商家也能主动推荐优质内容去吸引用户的关注。

- **可营销**：单纯的优质内容并不足以激发用户的购买欲望，商家需要将内容和营销动作结合起来，促使感兴趣的用户行动，让他们能及时转化。当商家未精准识别用户需求和痛点时，最稳妥的营销方式是促销。

- **可服务**：在产品售出后，商家需要向客户提供优质的服务，提升客户对品牌的观感和信任度，从而提高复购率。例如，有赞商家新国货美妆品牌"谷雨"在售卖产品的同时提供优质的服务方案。该品牌在公众号上增加了"个人护肤问题的个性化解决方案"功能，由专业护肤官负责解答粉丝日常护肤疑问，并根据用户需求和痛点，制定个性化产品使用方案，真正实现了触达能力中的"可服务"。

- **可洞察**：随着时间的推移和市场的变化，用户本身也会发生一定程度的改变。为了确保触达的持续性和有效性，商家必须对用户进行持续洞察，了解用户需求和喜好的变化，及时调整策略。在洞察用户的过程中，商家不可缺少的就是数字化系统的力量，可以借助有赞平台等成熟的私域运营系统进行提升。

1.3.2 单客价值度

单客价值度是在运营"深度"上下功夫，重点是促进更多客户产生更多次复购。比较有效的手段是社群运营、会员运营，其本质都是在和客户反复建立"信任连接"。在建立"信任连接"后，能够销售的产品品类也会不断扩展，即可以销售更多符合品牌定位的关键品类产品。

第1章 确定方向

1. 用户的重复购买率

（1）关键点一：搭建精准营销闭环。

营销要想发挥效力，就必须具备针对性。精准的营销触达，能及时、准确地将那些能够满足用户需求和潜在需求的产品或服务，推送到用户面前，促成持续的消费转化，从而实现提高复购率的目的，如图1-5所示。

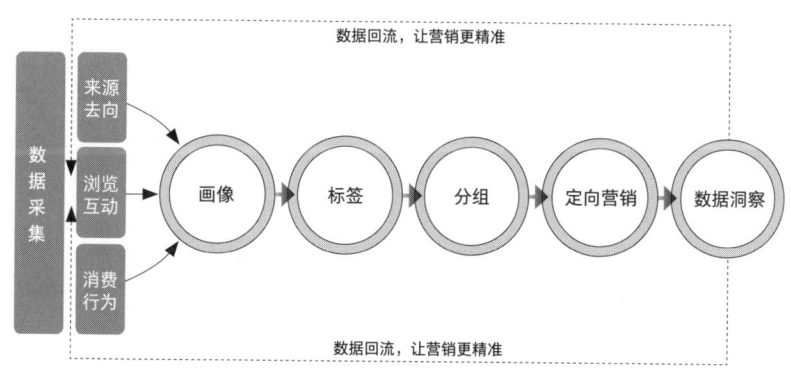

图1-5

这里要特别说明一下，我们对用户的分组应有多个维度，也就是说，一个用户身上可能有多个标签。例如，既可以按照用户层级分组，也可以按照用户年龄、性别等基础画像分组，还可以按照一些潜在的属性分组，如美食行业可以按照用户对口味的偏好分组。

作为蛋糕烘焙行业私域运营的标杆，幸福西饼借助有赞平台的"人群运营"功能搭建了精准营销闭环。幸福西饼的核心消费群体为30～45岁的中年女性，这一用户定位使其在运营中细致地为用户贴上了"对甜品、水果、口味更感兴趣""更加注重服务体验"等专属标签。此外，其对核心消费群体的主要诉求进行了有针对性的营销活动设计，使得用户从访问到付款的转化率高达30%。

（2）关键点二：主动运营＋互动。

对很多商家而言，用户资源利用率低的根本原因是采取被动的营销姿态：商家只负责传递营销内容，而不主动运营，静等用户主动连接。例如，很多商家在建立社群后，只在群里发送产品信息，在发现无人回应、没人购买后便陷入了僵局。

相较于利益关系，建立在好友基础上的关系，更能确保营销内容的精准触达，这种关系有更高的概率促进用户的增购、复购行为。例如，像朋友一样分享用户故事、提供解决方案，这让用户在受益的同时，愿意更深入地了解产品。

2. 用户生命周期

用户的生命周期按照与品牌的关系迭代可以分为引入期、成长期、成熟期、休眠期和流失期 5 个阶段，每个阶段的用户都有各自的特点，运营的策略和方式也有所区别，如图 1-6 所示。

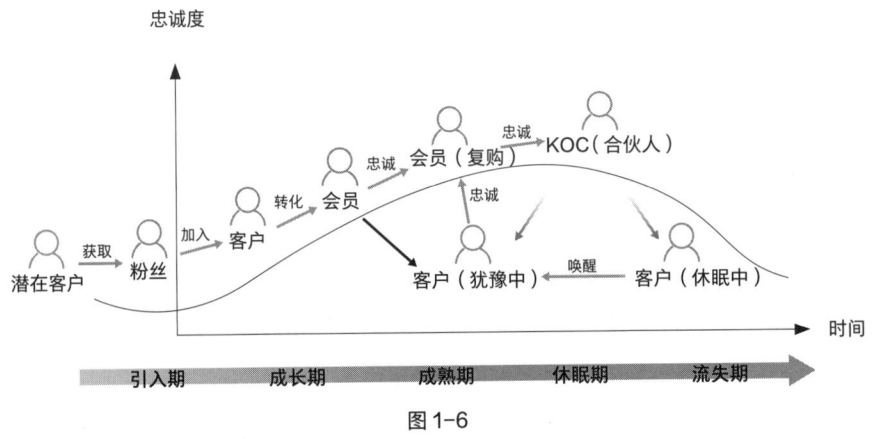

图 1-6

- 引入期：将用户（潜在客户）转化为客户的环节。本阶段任务：尽可能多地与潜在客户建立联系，并通过"门槛足够低、诱惑足够大"的营销活动，促成潜在客户向客户转化。
- 成长期：客户与品牌逐渐亲密的"甜蜜期"。本阶段任务：在控制营销成本的同时留住客户，延长客户的生命周期。会员营销和精准营销等更适合成长期的商家。
- 成熟期：客户与商家之间达到一种"亲密无间"关系度的时期，并有极大的可能成为合伙人。本阶段任务：提升客户对品牌的感知度，强化忠诚度，延长留存的时间，通常采用推出新产品或提供个性化服务等方式。

- 休眠期：停留在商家客户列表中的客户已不再活跃、不再复购。本阶段任务："唤醒"休眠客户。通常来说，最好的唤醒方式是推送超过客户预期的大额优惠信息。
- 流失期：休眠期客户无法再被"唤醒"的时期，客户流失已成定局。本阶段任务：设计流失预警前置环节，在客户"滑入"流失期之前作出反应，避免客户流失。

有赞母婴连锁商家 i·lollipop 在私域用户的生命周期管理上有一套自己的方法。

- 总部通过直播吸引用户到店。用户进店后，可看到在线下门店张贴的会员权益海报，让用户感知会员权益。此时，导购员通过专属二维码邀请用户升级为会员，向会员发放折扣券、试用小礼品等福利，并引导会员下单，有效提高了复购率。
- 对于"超级会员"的维护，i·lollipop 会赠送大额代金券，有效促进会员的多次复购。此外，导购员会定期追踪会员状态，通过门店的社群活动、产品培训讲解等形式，提升会员的活跃度，防止会员流失。

3. 用户生命周期总价值的计算方式

用户生命周期总价值的计算方式如图 1-7 所示。

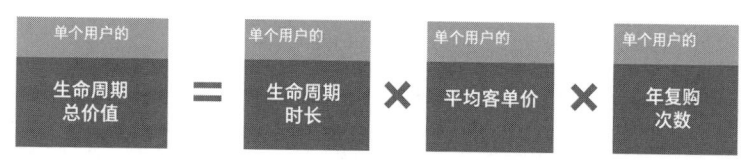

图 1-7

1.3.3 用户推荐率

用户推荐率是指用户在购买产品或服务后向他人推荐的比例。有效提升用户推荐率的手段通常包括分销、优惠、裂变等，它们的共同特点是跟用户建立了"利益连接"，快速让更多人参与到销售和推广的过程中来，如图 1-8 所示。

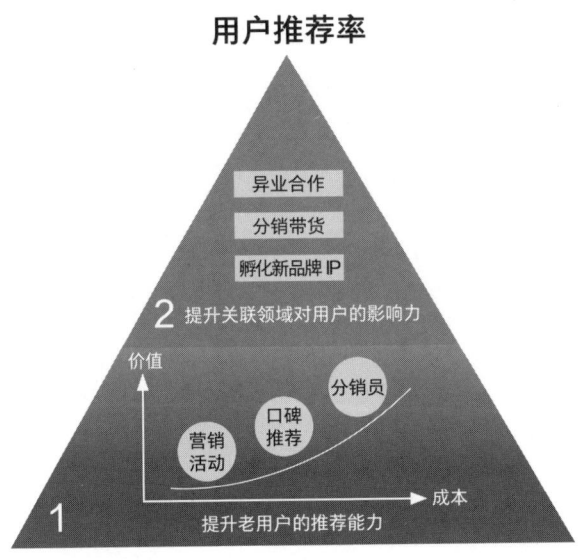

图 1-8

1. 提升老用户的推荐能力

（1）方法一：营销活动。

通过营销活动向用户提供一定的福利，如多人拼团、砍价、内购等，从而激发用户推荐的欲望。其优点是简单易行且成本较低。但这种模式的缺点是缺乏指向性和针对性，用户的感知力不强，能够创造的价值相对有限。这种模式更适合"刚起步，发展尚不稳定"的商家。

（2）方法二：口碑推荐。

优质品牌形象的口口相传是最有效的广告。"口碑推荐"模式的成本虽然不高，但对商家自身的水平有着严格的要求（如果商家自身的基础能力有限，则没有施展的余地）。根据过往的经验，有赞平台总结出了一套强化客户对产品认同、促进其主动进行口碑传播的流程，供大家借鉴。

① 强化消费体验，塑造基础认知。

- 方式：免费试用。

- 效果：创造直观的消费体验，让客户对品牌产生基础认知。
- 案例：碧生源推出爆款产品的免费体验装，仅用时 3 个月，就通过老客户裂变的方式获得 40 万名新客户。

② 强化高价值客户的身份认同感。高价值客户特征：对品牌的认同感强，拥有较强的社交影响力。

- 方式：给予更高的会员等级、更多的特权或更高标准的物质激励。
- 效果：激发客户心理层面的满足感。
- 案例：古井贡酒对高价值客户设置了有效的物质激励，并给予高价值客户"稀缺产品优先购买权"等特权，从而实现老客户的分享、裂变。

（3）方法三：分销员。

分销员，即分销层中的所有成员。值得注意的是，即便处于分销层，归根结底其成员还是消费者，并不具备专业的销售知识和能力，商家应充分发挥自己的赋能作用，帮助分销员提升推荐和裂变的成功率。

为分销员赋能的两种方式：

- 分享内容由商家定制：商家先将分享内容定制出来，分销员在进行分享时，可以直接转发。之后，商家把优质内容的分享经验"传递"给分销员，以提升分销员的分享和分销能力。
- 分享产品由商家精选：商家提前筛选爆款产品，减少分销员的选品环节，方便分销员分享。

2. 提升关联领域对用户的影响力

（1）方法一：异业合作。

异业合作对于商家打破行业壁垒，在其他关联领域形成自身影响力具备有效的推动作用。异业合作为产品带来的不仅是独特性，还有品牌协同所带来的双重赋能，以及双倍的用户流量。异业合作的对象选拔标准如图 1-9 所示。

没有直接的利益冲突　　拥有相同或者相似的主要客户群体　　具有相对强大的行业影响力

图 1-9

例如，卤味连锁品牌"周黑鸭"通过有赞异业联盟的对接，与"瑞幸"展开了一场名为"瑞幸咖啡遇上馋嘴零食"的异业合作活动。用户扫描"瑞幸"用户社群中活动海报里的二维码，即可添加"周黑鸭福利官"，抽取免费的甜辣鸭脖，获得 15 元代金券。活动启动仅一天，便为"周黑鸭"带来了 1 万多名新用户。

（2）方法二：分销带货。

分销带货是指商家利用成熟的分销商或平台为自己的销售工作进行赋能。

- 首先，分销商作为在业内深耕已久的商家，在销售上已具备天然的优势。
- 其次，分销商承担了销售工作，作为品牌方，只需要支付收益的一部分作为佣金就能获得专业的销售服务，相对于构建完整的营销体系，前者显然更能节约成本。
- 最后，通过分销商去销售自己的产品，没有其他品牌的参与，可有效降低其他因素对品牌效应的影响，有助于商家在用户心中树立完整、统一的品牌形象。

（3）方法三：孵化新品牌 IP。

如果说异业合作是打开关联领域大门的钥匙，分销带货是强化品牌在关联领域影响力的基石，那么孵化新品牌 IP 就是进军关联领域的终点和新起点。很多商家在经营过程中，会把相对成熟的业务，通过建立分公司或子品牌的方式独立出来：一方面是为了强化用户认知和自身 IP 的影响力,另一方面是为了给新业务腾出空间,为之后的发展奠定基础。

实战练习 2

估算目前的用户数量,并根据自身情况设置分级机制(不一定都设置成 3 级),并在表格中填写每一级的标准或激励机制。例如,商家主打的利润品是 699 元的护肤套装,那么第二级用户的标准就可以是购买了该产品的用户。

用户分层	第一级	第二级	第三级
粉丝层			
客户层			
分销层			

写出用户触达 6 个方面的具体实施方法(由于在后续章节中,还会涉及相关内容,因此现阶段大家可以先写出初步想法,后期再做完善)。例如,作为护肤品品牌,在"可触达"方面可以这样实施:每周利用企业微信给用户发送一份护肤指南的私信。

可感知	可识别	可触达	可营销	可服务	可洞察

建立系统的用户分群标签体系，标签包含用户画像标签和生命周期标签，针对处于生命周期各阶段的用户制定完成该阶段任务的特定运营规划。例如，对于休眠期的用户，除了要做到基本的信息触达（6个方面），为了完成该阶段任务——唤醒休眠客户，还可以给用户推送"满100元减50元的大额优惠券"。推送"满100元减50元的大额优惠券"即为针对该阶段用户的特定运营规划，可以填入表格中。

用户画像标签	

用户生命周期	该阶段的特定运营规划
引入期	
成长期	
成熟期	
休眠期	
流失期	

制定提升用户推荐率的方法。例如，方法名称——口碑推荐；具体实施——推荐成功即可获得相应积分，积分可以兑换成礼品，并有机会受邀参加高端活动。

方法名称	具体实施

第2章

快速引流

2.1 短视频引流

2.1.1 私域的账号布局

为什么推荐大家用短视频引流呢？因为相对于图文形式，短视频的门槛较低，也容易出爆款，即引流成本较低。

先来讲讲做私域业态的账号布局。以企业为例，可分为以下3类账号。

- 官方账号：用于宣传企业举办了哪些活动、推出了哪些新品，以及价值观等。当然，账号的内容和调性都要符合企业的品牌形象。这个账号的作用主要是让用户增进对品牌的了解、产生信任感。
- 代理商账号：代理商自行运营的账号。其账号名称带有品牌名，内容以品牌为核心，因具有代理商的特征，所以与官方账号具有一定的差异。这些账号的作用是扩大品牌影响力，当然，也能产生一定的引流和转化。
- 引流号：因为官方账号需要经常传递企业动态，难免会显得严肃无趣，所以官方账号的引流作用不大。为此，可专门布局一些用于引流的账号。引流号应时常发布一些喜闻乐见的内容，并且受众基数要大。那么具体应该发布哪类内容，即引流号应该怎么定位呢？请记住4个字：人群一致。不管什么内容，只要它吸引的人群和产品受众一致就可以。例如，厨具类产品，其受众是喜爱烹饪的人、家庭主妇、享受生活的人。所以，引流号可以做成美食类账号、生活类账号、女性成长类账号、情感类账号。在美食类账号中，可使用自家品牌厨具"秀"厨艺和美食；在生活类账号中，可植入高颜值的厨具产品；在女性成长类账号和情感类账号中，若直接介绍、展示厨具，则会显得比较生硬，此时可吸引用户进入成长类或情感类社群，社群里除了分享有价值的干货，还可以时不时地分享厨具好物，从而筛选出潜在客户。

2.1.2 3+3 爆款法

在找到产品定位后,接下来就要开始创作了。这一阶段的难点是如何打造爆款视频。因为做引流号的目的是获得流量,而一个爆款视频带来的流量可能是普通视频的几万倍。例如,一个普通视频的播放量大概是几千次,但爆款视频的播放量可能是上千万次(这是完全可能的),所以要把引流号的运营重心放在爆款视频上。

在打造爆款视频的初期,请大家一定要记住一点:"大力出奇迹",即一定要多发视频,一天发布几十个甚至上百个视频。因为打造爆款视频,尤其是大爆款视频时,基本都是"撞"上的。发布的视频越多,"撞"上的概率就越大。在爆款视频逐渐增多后,就能总结出什么样的内容更容易"爆",从而乘胜追击,制作出更多、更容易获得流量的作品。

2022年年初,"哈皮皮"在视频号中异军突起,综合数据时常排在第一位,如图2-1所示。仅在2022年2月份,其就发布了700多个作品,即平均每天发布20多个。2022年5月,商业架构师张琦仅用12天的时间(每天发布上百个作品),就让全网粉丝数涨到千万级别。

视频号·TOP10		2022年02月 中国微信500强
排名	视频号	新榜指数
1	哈皮皮 生活	1010.4

图2-1

可能有些人一听说要多发视频,就被吓退了:这要配备多少人力啊!需要强调的是,引流号和官方号的作用、策略是不一样的:官方号要体现品牌调性,所以要做高品质的作品,自然很难大量输出;但引流号的重点在于获取流量。大家观察一下各个短视频平台上的爆款作品,很多都是制作简单甚至粗糙的。当然,要是有资金和团队,能够兼顾质量和数量是最好的。如果人力、物力都不够,还想走精品化路线,那就在账号稳定后(已经找到爆款路径后)再去提高质量、减少数量。

> **注意**
>
> 视频要多发,但不能盲目地乱发,我们还要在视频的形式和内容上下点功夫,既让账号形成差异化,也能更"吸睛"。

1. 形式

在形式上可打破常规制造反差。反差有 3 种类型:身份反差、场景反差和时空反差。

(1)身份反差。

身份反差,即 A 类人做了 B 类人常做的事。常见的是性别反差,如教化妆的男生、爱好力量型运动的女生。当然,它的应用还可以更宽泛。

例如,"直播找王哥"想做直播、短视频领域的教练,已经花费 10 万元向多位老师学习直播要领和短视频制作技巧了,但他仍未做出什么成绩,认为自己现在分享的内容没有信服力,该怎么办呢?其实可以通过身份反差来实现突破。

一般来说,新媒体教练都要强调自己的专业性,如获得的成就,带出学员的数量、效果……但他可以反其道而行之,强调自己作为学员花了多少钱,账号介绍可以是:我花费 10 万元学到的直播、短视频干货都在这里了。这种就是以学生的身份做着老师传道授业的事,合理且特别。

(2)场景反差。

场景反差,即本该做 A 事的地方,做了 B 事。例如,我们会看到一些爆款视频的主题是身穿古装的人在摩天大楼里办公。其实这种视频都是摆拍的,但这样的人置身于摩天大楼就会具有话题性,属于场景反差。类似的场景反差,我们还可以怎么用呢?

例如,演讲导师在通过短视频分享一些演讲技巧时,一般会找个布局简单的场地来录制视频,这也是大部分知识博主的做法。如果要制造场景反差,就可以把短视频的拍摄场地设置为厨房,每个视频都结合美食来演讲。例如,"对于演讲而言,最重要的是主题、立意,而不是花里胡哨的手势动作,就像你做美食时成败的关键是食材新不新鲜，而不是你的刀功好不好。"

一个很简单的场景转换，在用户看来就是一种创新，就是与众不同，就是记忆点。

（3）时空反差。

时空反差，即身处 A 时空，却做了 B 时空的事。

脑洞大开的时刻到了。我们可以试着把自己装扮成一个神话人物，如月老，去讲各种爱情故事；也可以装扮成古人，去讲传统文化……造型稍稍一变，账号就有了差异化提升。

2. 内容

形式上的差异化很容易打造，但要打造爆款视频，最核心的还是内容。下面介绍 3 个爆款内容的创作方法。

（1）借鉴同行爆款。

几乎所有教短视频制作的老师都会介绍这个方法，因为很多人都通过这种方法把账号运营起来了。"爆款"意味着是被验证过的、在这个平台上受欢迎的作品。借鉴同行的爆款意味着我们的内容不会跑偏，但有些人只记住了模仿爆款：今天看到一个情感话题火了，就去聊情感；明天看到职场剧情类的视频火了，又去拍剧情。一定要记得，我们做的所有动作都不能偏离定位。

借鉴同行的爆款，具体怎么做呢？要找到同行的爆款作品。同行指的是定位一致的账号，而不是指企业的同行。例如，企业的主业是从事厨具生产，引流号的定位为美食，那么美食类账号就是这里所说的同行，而不是其他厨具企业的账号。

这里要注意，不是点赞量高的作品就是爆款。例如，一个账号已经有很多粉丝了，即便是其随便发的视频，可能也会获得较高的点赞量，此时我们就不能把该账号下的每个作品都当作爆款来借鉴。

那应该怎么判断呢？一般来说，不管账号的大小，只要某个视频的数据（如点赞量、转发量）远超出该账号的平均水平，那就是爆款。例如，在一个平均视频点赞量不超过两位数的账号中，有一个视频获得了几千个赞，那么这个视频就是爆款。

反之,一个"大号",每个视频都有几万个赞,没有一个特别突出的,那这些视频就不如"小号"的"千赞视频"有借鉴价值。

找到爆款后,可结合自身特点进行模仿。例如,作为演讲导师,同行的某个介绍演讲技巧的视频爆了,此时可借鉴这个视频的主题和角度,结合自己的特点制作视频——在厨房里用美食类比的方式来分享演讲技巧。这样做既模仿了爆款(意味着流量不会差),又具有自己的特色。

(2)围绕热门评论。

不知道大家有没有发现这样一个现象:有的作品之所以能有高流量,是因为在评论区有一些特别精彩的评论,这些评论(不是视频本身)引起了大家的热烈讨论,从而给视频带来了流量。微信视频号更是把热门评论直接显示在视频下方,以此代替博主自己发布的文案,从而增加视频的话题度,如图2-2所示。

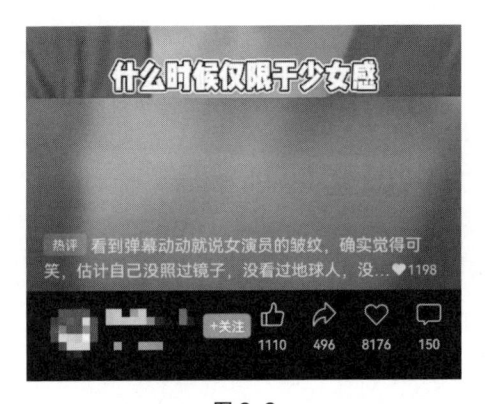

图 2-2

以上这个视频的主题是"女演员的魅力什么时候仅限于少女感"。我们可以借鉴该视频做一个类似的选题,但如果想更出彩,就可以从热门评论的角度去创作。要知道之所以这条评论的点赞量高,成为热门评论,就是因为这个观点符合大家的期待或者更具争议,总之,它是一个具有话题性的观点。

具体做法是以这个热门评论为主题去扩充内容。图2-2中热门评论的意思是女演员有皱纹是很正常的。那我们可以做哪些选题呢?如果是美妆博主、女性成长类博主、母婴博主等,就可以做"那些有皱纹,但依然很美的女演员"或者"我们不要再为容貌焦虑了,其实岁月的痕迹也很美"这样的选题。

> **注意**
>
> 总结一下,"热门评论法"的操作流程:先去搜索和自己账号定位相关的爆款视频,然后看看视频下面有没有热门评论,如果有,则可围绕热门评论进行创作。

(3)抓热点借势起量。

我们都知道热点的爆发力是巨大的,甚至无法估量,所以一定要利用好热点来做视频。

热点可以分为可预期的热点(节日、大型活动等)和不可预期的热点(突发事件等)。

① 可预期的热点。

先来说说可预期的热点。对于这类热点,我们可以提前按照热点日历准备内容。例如,"热点小黄历"这个微信小程序标注了各种热点事件,如图2-3所示。

以2022年5月为例,假设运营的账号是科普类账号,则可以这样设计内容。

- 5月1日(国际劳动节):10种居家趣味劳动节过法。
- 5月4日(五四青年节):五四青年节到底是谁的节日。
- 5月5日(立夏):讲讲民俗文化、讲讲迎夏仪式等。
- 5月8日(母亲节):新时代母亲的生活日常。
- 5月12日(国际护士节):送上一份日常护理指南。

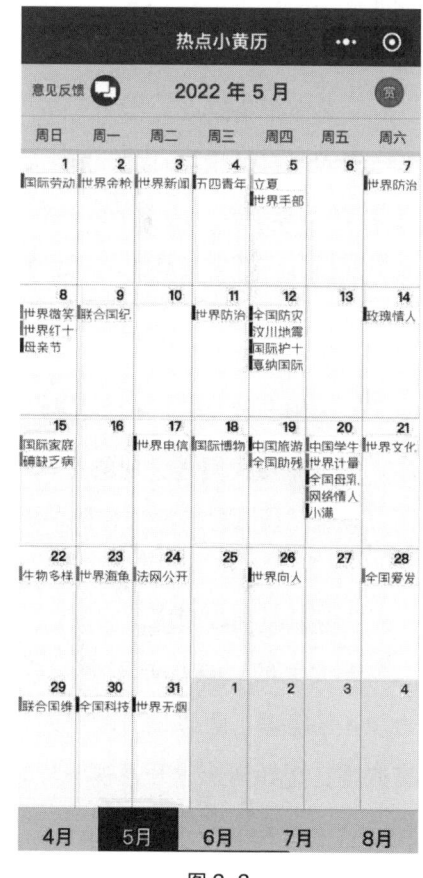

图 2-3

- 5月14日（玫瑰情人节）：成功率最高的表白方式是什么。
- 5月31日（世界无烟日）：不要忽略二手烟的危害。

大家可以借鉴这种方法，先选择合适的热点，再结合自己的账号定位设计相关的内容。

② 不可预期的热点。

对于不可预期的热点应该怎么做视频呢？

首先，每天可以通过微博热搜、百度指数、知乎热榜等渠道了解热点，一定要避免闭门造车。其次，对于全民级别的大热点，人人都在聊，若想从众多视频中脱颖而出，就要找到不一样的角度。怎样找角度呢？下面就以2020年"微信推出视频号"这件事为例介绍4种方法。

一是突出争议点。

视频号自诞生之日起，就一直被拿来与抖音进行比较（这是一个比较有争议的点）。由于每个人对两个平台的看法可能都不太一样，因此，我们的选题可以是"视频号或抖音，谁才是真正的红利平台"。

二是具备普适性。

热点像一阵风，可能很快就会过去，但我们都希望自己的作品可以持续受人关注。这就需要我们透过现象看本质，找出事件背后更普适的原理。因此，我们的选题可以是"视频号的底层密码——私域流量的价值"。

三是从反面找角度。

若大家的观点都差不多，选题陷入"常理"中，那视频就没有什么新意了，也没人愿意看。可以试着跳出来，从反面来找选题。例如，在视频号内测期，当所有人都在想如何快速开通视频号时，我们的选题可以是"现在全面开通视频号，对你而言不一定是好事"。

四是找到有趣的故事。

人们都喜欢听故事，所以只要找到热点背后的那些有趣故事并把它们叙述出来就可以了。例如，"读懂了张小龙，也就理解了视频号"。

> **注意**
>
> 综上所述，大家想要做引流号，首先，要明确定位——可以做多个不同方向的账号，只要账号受众和产品受众一致即可；然后，要有爆款意识——"大力出奇迹"，在创作时，可在形式上通过身份反差、场景反差、时空反差来创新，在内容上可通过借鉴同行爆款、围绕热门评论、抓热点借势起量的方法来获得更多的流量。

实战练习 3

在账号布局前，先写出自己准备布局哪类或哪几类账号，例如，引流号（可有多个）；然后，填写每类账号的内容定位和形式定位，例如，美食类账号，内容定位为快速自制美食，在借鉴爆款视频的基础上植入厨具产品，形式定位为古代御厨形象（时空反差）。

账号布局	内容定位	形式定位

2.1.3 短视频的脚本创作

很多人在拍视频之前不写脚本，想到什么就说什么。这里要强调一下，即使我们已经想清楚要拍什么、说什么了，不写脚本也是不行的。拍视频和平常与别人交流最大的区别就是有严格的时间限制，并且为了让完播率更高，需要让视频在表达清楚内容的基础上，时间尽可能短。如果不写脚本，不能逐句话打磨，那么又怎么能做出精品呢？

1. 脚本的分类

脚本大致可以分为分镜头脚本和单镜头脚本。

（1）分镜头脚本。

分镜头脚本适用于拍摄比较复杂、需要多个镜头的视频。例如，在拍情景剧、Vlog（视频博客）的时候，就要用到分镜头脚本。

分镜头脚本通常包括景别、镜头（也就是拍摄技巧）、时长、画面内容、旁白、音效等，图 2-4 为拍摄一个 Vlog 的分镜头脚本。

> **注意**
>
> 如果想要表达一定的故事情节，那么分镜头脚本是不可或缺的。它具有厘清故事脉络、指导拍摄的作用。

镜号	景别	镜头	时长	画面内容	旁白	音效	备注
1	全景	固定	8s	吃面	每天都要按时吃饭	吸溜声	表现出很享受美食
2	近景	推	3s	空碗	无	无	
3	中近景	摇	5s	穿衣戴帽准备出门	每天都要无敌帅气	无	
4	特写	固定	2s	一个拽拽的表情	无	哼	
5	全景	固定	6s	阳光明媚+背影	每天都要有个好心情	鸟叫声	
6	……	……	……	……	……	……	

图 2-4

（2）单镜头脚本。

其实单镜头脚本主要是指台词，适用于所有只需对着镜头说话的视频，如教学视频。

2. 写脚本的步骤

不管是分镜头脚本还是单镜头脚本，其最重要的部分就是主题策划和台词 / 旁白。下面将介绍这部分内容的写作过程，并用"脚本"一词来表述。

写脚本并不难，可以分为以下几个步骤。

（1）确定选题。

对于我们脑海中的某个想法，若想把它拍成视频，首先要明确自己的目标：为什么拍？我们的受众是一群怎样的人？他们的需求是什么？我们能给他们提供什么？

如果只关注自己喜欢做的事情，那么创作出来的内容很可能是闭门造车。互联网创作是一个自我需求和他人需求相结合的过程，只有在想清楚要给受众传达哪些有价值的内容后，才能确定选题。

（2）搭建脚本框架。

搭建脚本框架是指列好整个脚本的提纲，这有助于在写脚本的过程中厘清逻辑、掌握进度。

（3）收集及运用素材。

如果把选题比作树干，那么框架就是树枝，具体的内容就是树叶。只有有了素材，才能更好地填充脚本框架，丰富脚本内容。所以，我们平时要注重积累素材，以便随时调用。

（4）写好开头和结尾。

开头和结尾是脚本中最重要的部分。开头的好坏决定了用户是会被吸引着继续观看，还是会立刻离开。若没有好的开头，即便之后的内容再精彩也没用。结尾的好坏决定了用户是否会进行互动：关注、点赞、转发、评论等（因为开头和结尾的写法有类似之处，所以我们放在一起介绍，但大家在撰写的时候，可以按照开头、主体、结尾这样的顺序进行）。

（5）写好主体内容。

如果主体内容具备简单、意外、具体、共鸣4个特点，那么不仅会吸引用户一直看下去，还能让他们印象深刻并主动传播。

3. 源源不断地获得选题

很多人在内容选取时，容易创作思路枯竭，视频做着做着就没有选题了。那怎样才能源源不断地获得视频选题呢？除了我们在上一节讲到的"借鉴同行爆款""围绕热门评论""抓热点借势起量"这3种获得选题且容易出爆款的方法，还有两种常用方法。

（1）排列组合。

排列组合是指把与账号定位相关的关键词进行排列组合。

例如，我们的账号定位是推荐口红。首先，以口红为中心，写出与口红有关联的人群，既可以是女人、男人，也可以是学生和白领。其次，想想这些群体的用户属性画像，如性格、年龄、区域、职业、星座、爱好等。下面就以这10个关键词为基础，进行排列组合，即把任意两个或多个关键词与"口红"进行组合（除去重复的）。这时会发现，内容方向有几百个，足够支持一年以上的选题创作。例如：

- 学生＋口红：大学生最爱的10款口红。
- 星座＋口红：最适合十二星座的口红，你选对了吗？
- 男人＋性格＋口红：作为一位合格的男朋友，你要根据性格特点为女朋友选择合适的口红。
- 区域＋白领＋口红：北京白领最爱的3款口红。

（2）用系列选题弥补短视频的缺点。

系列选题是指围绕相同内容的几个选题。

短视频的优势很多，但也有一个缺点，就是碎片化。如果我们的账号内容是知识类的，那么很可能带给用户的是零散的知识。若知识不成体系，则价值就没有那么大，而做系列选题可以对此有所弥补。

可以通过绘制树状图的方式对系列选题的主题进行扩展。树状图往往有一个主干，可在主干的基础上逐层扩展分支。例如，主干是销售，分支就可以是销售心理、销售技巧、客户维护等。在主干的分支上可以继续扩展，将销售技巧细分为客户定位、

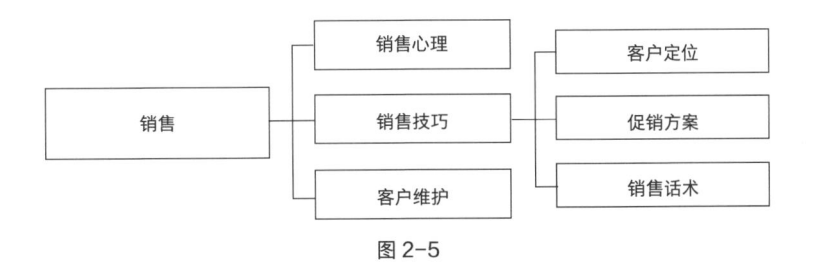

促销方案、销售话术等，如图 2-5 所示。

```
销售 ─┬─ 销售心理 ─┬─ 客户定位
      ├─ 销售技巧 ─┼─ 促销方案
      └─ 客户维护 ─┴─ 销售话术
```

图 2-5

> **注意**
>
> 只要找到关键词，并按树状图进行分支扩展，一个主题就会变成一系列选题，选题的范围也会变得非常广泛。

4. 轻松套用 3 种脚本框架

无论是写文章还是写脚本，我们在脑海中都要有一个围绕着主题的清晰框架。如果没有这个框架，那么思绪就有可能从一个点向各个方向发散，最后偏离主题。在这种情况下，我们脑海中的思绪就会很混乱，如图 2-6 所示。

图 2-6

这种发散的思维非常不利于用户理解，我们需要梳理出如图 2-7 所示的脚本框架。

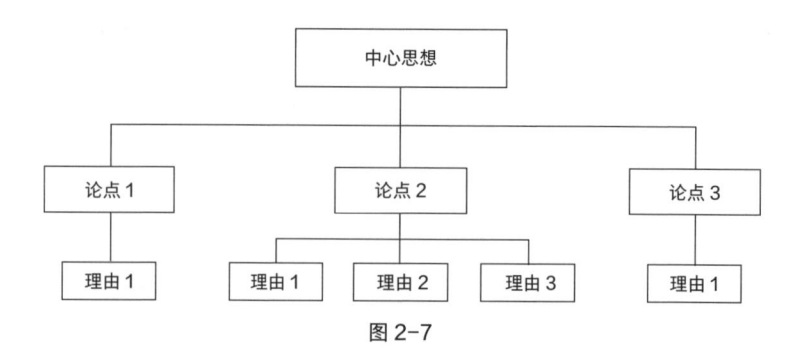

```
                    ┌─────────┐
                    │ 中心思想 │
                    └─────────┘
          ┌────────────┼────────────┐
      ┌───────┐    ┌───────┐    ┌───────┐
      │ 论点1 │    │ 论点2 │    │ 论点3 │
      └───────┘    └───────┘    └───────┘
          │      ┌─────┼─────┐      │
      ┌───────┐┌──────┐┌──────┐┌──────┐┌──────┐
      │ 理由1 ││理由1 ││理由2 ││理由3 ││理由1 │
      └───────┘└──────┘└──────┘└──────┘└──────┘
```

图 2-7

对于脚本的框架，大家需要掌握以下 3 种类型：并列式框架、总分总（总分）式框架、递进式框架。

（1）并列式框架。

并列式框架是指每个部分的内容都是独立的、没有主次之分的框架。以下两类视频适合使用这种框架。

- 清单类视频。例如，给大家推荐 10 本好书、列出 8 个旅游胜地、推荐 6 个最值得收藏的网站等。
- 日记类 Vlog。例如，记录自己一天的生活，7:00 起床，8:00 做早饭，9:00 上班……

（2）总分总（总分）式框架。

总分总式框架是指先概括、再详细描述、最后总结的框架（总分式框架则没有最后的总结部分）。这种框架适用于大部分视频。

① 知识类视频采用这种框架表达时，脚本可以写成下面的形式。

- 在视频开头表明观点。
- 分别列出能证明观点的证据。
- 总结观点或者引导互动。

② 励志类 Vlog 采用这种框架表达时，脚本可以写成下面的形式。

- 用一句话引起共鸣或激发好奇心。
- 讲述自己的经历或别人的故事。讲述时可以按照"起承转合"来进行：起，即事件的开始是什么；承，即谁做了什么，导致了什么；转，即反馈是什么；合，即结果是什么。

（3）递进式框架。

递进式框架是指视频内容逐层深入的框架。最常见的递进式手法是描述"从现象到本质""从个例到普适"的过程。知识类、时事类、剧情类视频都适合使用这种框架，脚本可以写成下面的形式。

- 描述现象。
- 分析为什么会出现这种现象。
- 用引人深思的问题或者互动结尾。

5. 强大的素材库

（1）收集素材。

很多人在创作脚本的时候常常会遇到一个问题：没有灵感。我们往往会想：为什么别人的灵感源源不断，而我们就写不出好内容呢？

其实我们的阅历、学识不见得比别人少，只是有些记忆被封存罢了。这时收集素材就显得至关重要。素材库不仅能为我们提供灵感，还能帮我们提高创作的效率，更能保证我们的创作能力维持在一个稳定的水平上。那么，要如何收集素材呢？首先，要选择一个可以在多个终端（计算机、手机等）同步记录的工具，如有道云笔记、印象笔记等，以便随时记录。然后，按照如下要点进行素材收集。

① 通过拆解爆款视频获取素材。

在拆解爆款视频时，首先要避开一个"坑"——全方位记录。虽然它是爆款视频，但是不代表它什么都好，如果毫无重点地把一个爆款视频的所有维度都记录下来，则相当于什么都没记。

> **注意**
> 怎么知道这个视频成为爆款的原因呢？其实很简单——看评论。评论会告诉我们这个视频到底有哪个点打动了用户。

学会了这个方法，就可以进行爆款视频的拆解了。

- 借鉴同行的爆款视频。在收集素材时，不仅可以收集同行的爆款视频选题，还可以收集标题、开头/结尾话术、主体部分文案，甚至背景音乐。只要是好的，都可以记录下来。怎么收集文案呢？首先，如果视频可以下载，就直接下载视频，如果视频不能下载，就用手机把这个视频录制下来；其次，要把视频转为文字（可以使用录音转文字App把视频转为文字）；最后，把文字复制到有道云笔记，以便日后随时查看。
- 借鉴其他视频。除了同行的爆款视频可以作为素材收集，还有很多其他领域的视频也值得借鉴。例如，有些视频引导互动的方式很巧妙，有些视频里的某句话特别打动人，有些视频的展现形式特别棒等，我们都可以通过文字或截图的方式把它们记录下来。

② 日常的碎片化收集。

我们每天都会有一些碎片时间，浏览的信息也呈现出碎片化的特点。因此，可以采用碎片化模式来收集信息。

平时在阅读、观影，甚至在听歌、社交的时候，遇到有趣的话题、经典的句子、能引人深思的故事，都可以记录下来，积少成多，不断地收集整理，从而逐步形成一个庞大的素材体系。

③ 进行固定主题收集。

如果已经有了明确的主题，那么可以通过各种主流渠道（如微信、微博、知乎、百度等）收集这个主题下的内容。

其实，人们常用的收集素材渠道基本一样，区别在于搜索技巧。在写脚本的时候，我们一定要预留出足够多的时间来展开联想，尝试用各种各样的关键词在不同的渠道中不断搜索。在这个过程中，可能只换了一个词语，就能搜索到意想不到的内容。

（2）运用素材。

在运用素材时，要遵循以下3个原则。

① 紧扣主题。

首先，收集的素材要和主题相关，只有把和主题相关的素材运用在作品中，用户在看的时候才不至于云里雾里。例如，有些人喜欢在视频中加一句自以为很有道理的名言，但因和前面的内容关联度不大，会让人感觉莫名其妙。若仅是这样生搬硬套，那还不如不加。

② 个性化改编。

虽然素材是"死"的，但是每个创作者都有自己的标签，这就要求在使用素材时可以依照个人标签适当改编素材，使其更贴近自己的视频风格，更好地展示个人特色。例如，收集到的素材是一个用汗水点燃希望的故事，那么在运用这个素材的时候，就可以把它改编成自己身边的事，从而让用户觉得更有亲近感。

③ 少就是多。

千万不要在一个脚本里堆砌各种素材，也许我们确实有很多和这个主题相关的好素材，都特别想用，但我们必须懂得取舍。在能讲清楚内容的情况下，视频越短，脉络越清晰，完播率就越高。

6. 引人入胜的开头

文案界的传奇人物约瑟夫·休格曼曾说："写第一句文案的唯一目的就是让读者读第二句，写第二句文案的唯一目的就是让读者读第三句……"

其实，把文案换成视频脚本同样适用。视频的开头几秒决定了用户是否愿意继续看下去，因此，开头的重要性不言而喻。那么，如何写出引人入胜的视频脚本开头呢？

我总结了3个写视频脚本开头的方法：断言法、提问法、悬念法。

（1）用断言法营造权威感。

在生活中，我们通常会喜欢这样的人：说话的时候态度比较中立，时常说"大概""也许""感觉""似乎"，或者"都好""还行""都不错"。这样的人往往比较有亲和力，在工作和生活中比较容易沟通，但在短视频中，这种表达方式并不会带来正向的效果。

举个例子：现在有两个选择摆在你的面前，每个选择都有利有弊，其实不管选哪个都有理由。于是，你没有办法立刻决定，想要找自己的领导商量一下对策。这时，哪个领导会让你觉得他更值得信赖呢？其一，表现得和你一样犹豫，反复权衡利弊；其二，立马作出决定，并告诉你他的理由和依据。我想大部分人会更信赖后者。

在新媒体平台上，我们就是意见领袖，一定要坚信自己所说的话，不能说模棱两可的话：既不要用"之类的""基本上""听说"这种词语，也不要使用"我感觉……""或许……""……吧"这种句式，更不要给出"不错""还行""一般"这种评价，一定要有态度，有观点，并且果断"断言"。

断言既是一种立场，也是一种态度，更代表了我们能够对自己发表的言论承担责任的实力。只有断言，才能让自己的内容更有吸引力。

例如，在《在视频开头几秒如何抓住人》这个视频中说的第一句话是："视频的开头几秒决定了用户是否愿意看下去，是影响短视频完播率最重要的因素。"如果改成"视频的开头几秒对视频的完播率是比较重要的"或者"它可能是最重要的因素"，效果就会大大减弱。

当然，断言不是让大家为了博眼球而乱说，虽然我们不一定能拿出多么严谨的证据来证明断言100%正确，但也要有一套理论依据才行。

（2）用提问法吸引用户的注意力。

有些话，若用陈述句说出来则显得很平常，若采用疑问句或反问句，则能引人注意。提出一个问题，引发用户思考，是吸引用户注意力的最简单方式。

- 设置一个震撼人心的问题：最容易吸引用户注意力的方法就是设置一个震撼对方心灵的问题。例如，"视频断更（断更是指在很长一段时间内没有更新内容）的你，知道错失了多少流量吗？"断更对于创作者来说是常事，聊这个话题的目的是想让创作者有危机感，让他感觉到这个话题和自己有关，并且关系很大。
- 设置一个引发共鸣的问题：这个问题越是对方的痛点，效果就越显著。例如，"都在用心做视频，为什么我的粉丝这么少？"这是很多短视频创作者都会遇到的问题，所以用这个问题开场，就会一下子吸引他们的目光。
- 设置一个猜谜式的问题：例如，"做视频号和做抖音，哪个机会更大？"对于猜谜式问题给的选项，答案不能太明显，只有两个答案都有可能，才会引发用户的思考和猜测，让用户想要继续看下去。如果这个问题改成"现在做视频号和抖音还有机会吗"就没有意义了，因为答案是很明显的。

（3）用悬念法勾起用户的好奇心。

用悬念法开头的脚本能迅速勾起用户的好奇心，使用户迫切地想知道到底发生了什么。悬念的魅力如此之大，那么如何设置悬念呢？下面介绍两个技巧。

- 突出不合理的场景。例如，"潜逃24年的杀人犯因没有绿码自首"。在《亮三点》节目中，有一期节目的开头就是通过悬念法来吸引用户的，如图2-8所示。
- 提出疑问制造悬念。其实这个技巧和提问法有一些相似，只是更强调要有悬念，也就是要让人意想不到。例如，"什么样的人在视频号上机会更大？"使用了提问法；而"抖音的点赞量为个位数，视频号的点赞量突破10万，视频号到底给谁提供了机会？"使用了悬念法。

总之，一个视频的开头，就像一个人给他人留下的第一印象。如果开头没有吸引力，就算其他部分再好，用户也很难耐着性子看下去。所以，打磨视频脚本的开头至关重要。

图 2-8

> **注意**
>
> 总结一下，视频的开头可以用 3 种方法写脚本：断言法、提问法、悬念法。这 3 种方法既可以单独使用，也可以配套使用。在观看优质视频时，大家可以有意识地想一想创作者运用了什么方法开头，自己能否借鉴一下。

7. 引发互动的结尾

一个好的视频开头能吸引用户的注意力，而好的结尾则能引发互动，如收藏、关注、点赞、转发、评论。分享 3 个实用的视频结尾方法：总结法、金句法、提问法。

（1）用总结法引发收藏和关注。

总结法最适合知识干货类的视频使用。可以在结尾处用简短的一句话提炼这个视频的知识点，让用户觉得内容很有料，最好再加上预告，即预告下一个视频会讲什么知识点，从而引发用户收藏和关注。

（2）用金句法引发点赞和转发。

用金句给视频结尾，能够升华主旨，触动用户的内心，更容易促使用户点赞和转发。

金句，类似于上学时老师让我们背诵的名言警句，但是比名言警句的范围更宽泛。它既可以是几百年前古人写的一句诗或一段话，也可以是一句经典的台词、歌词，还可以是当下热门节目主持人或嘉宾的精辟总结，甚至可以是民间经验。总之，那些能让人们感到醍醐灌顶或引发人们深思的句子，都可以是金句。

绝大部分人都不具备自创金句的能力，所以我建议大家按照之前讲到的方法收集素材，建立一个自己的金句库，以便随时调用。如果将金句的内涵参透，并合理、恰当地用在视频结尾，则能起到画龙点睛的作用。

（3）用提问法引发评论。

在视频结尾处抛出一个问题，更容易引发用户评论。至于怎么设置问题，可以借鉴之前讲的视频开头的提问方法：设置一个震撼人心的问题、引发共鸣的问题或者猜谜式的问题。

需要注意的是，结尾的问题一定要简单，甚至无须思考就能直接回答，否则用户就会因感到麻烦而放弃互动。

8. 主体内容的4个特点

有了好的开头和结尾，接下来如何呈现主体内容呢？主体内容最好具备4个特点：简单、意外、具体、共鸣。

在《亮三点》节目中有个很经典的案例：节目组采访了6位投资大咖，有一个问题是"请说说你见过的最有趣或最奇葩的项目"。梅花天使创投的创始合伙人吴世春在那期节目中讲的内容火遍了创投圈。他是这么说的："有一个团队的负责人找我谈投资，很严肃地说，他们项目的A轮融资已经确定了由经纬中国投资，B轮融资确定了由红杉资本投资，C轮融资会由BAT（百度、阿里巴巴、腾讯的简称）中的一家投资，这些都安排好了，现在就差天使轮了。"

我们来看看这段内容，简单吗？简单。它的简单不仅在于用三言两语就说清楚了故事，最重要的是主题突出，没有干扰信息，我们能立刻知道它想表达什么。

意外吗？当然意外。A轮、B轮、C轮融资都搞定了，只差天使轮融资，这种情况实在违背常理。

具体吗？当然。讲一个"就差天使轮融资"的故事远远好过用一堆数据、术语来介绍自己是做天使轮融资的。

那引起大家的共鸣了吗？"就差天使轮"非常形象地映射出了在创投圈中存在的一些好高骛远、眼高手低的现象。

在这个段子火了以后，吴世春在接受其他媒体采访时抱怨，平时讲那么多创业的干货知识都没人传播，随便讲个段子，反而火了。从原理上讲，这可不是一个随便讲的段子，它正好命中了好内容的4个特点：简单、意外、具体、共鸣。

下面就来看看如何让脚本的主体内容具备这4个特点。

（1）简单：让用户领悟到核心。

在信息洪流中，如何让我们讲的故事传播出去并被人牢记？第一步就是要做到简单。所谓简单，既不是用词简单，也不是道理浅显，而是要找到一个关键点。

如果我们在一个视频（尤其是短视频）中传达了太多的信息，故事脉络就会很混乱，用户无法领悟我们的意图，视频也就达不到传播观点的目的了。因此，不要试图在一个视频中加入太多的元素，而应该集中在关键点上。

例如见表2-1，"原版脚本"列中的内容是一个短视频制作新手写的脚本，我在看完标题和开头后以为这个视频的核心是解释"厚德载物"这个成语，但其主体内容强调的却是职场诚信问题，因此结尾引用曾国藩的话来告诫大家做人不能太自私。这样的内容因传达了太多的信息，造成重点不突出。

表2-1

原版脚本	修改后的脚本
标题：我才明白什么叫"厚德载物" 我们都知道清华大学的校训是"自强不息，厚德载物"。通过最近发生的一件事，我才真正明白什么叫厚德载物。 我们跟乙方公司谈定了项目，所有的结算款都已经谈好了，可是就在项目即将开始执行的时候，对方却反悔了。乙方公司代表说另一家大公司也在跟他谈同样的项目，他不敢得罪大公司，就想跟大公司合作，不想跟我们公司合作了。 当听到这个反馈信息的时候，我简直无语了，感觉前期付出的所有努力都白费了。我立刻就这件事跟上游的甲方公司进行了沟通。一个项目已经确定要执行了，怎么半路还会杀出个"程咬金"呢？合作是不是要讲诚信呢？幸亏甲方公司还遵守合作的规则，就把这个项目撤销了。最后，乙方公司也没有再执行这个项目。 厚德载物指的是道德高尚者能承担重大任务，而这个故事中的乙方公司则没有道德可言，故而最后无法承担这个项目。 曾国藩说过"心存济物"，指的就是控制自己的私心，与他人共赢共好。而自私自利、损人利己的人，是最不靠谱的人。这种人往往见风使舵，只会追逐自己的利益。最后的结果，也只能是损人损己。 德在前，钱在后，才能让财富长久。 你遇到过这样的人吗？	**标题：不讲诚信在职场中无路可走** 对于没有诚信的人，我从来不讲情面，想损人利己，No way！ 前段时间我们跟乙方公司谈定了一个项目，可就在项目即将开始执行的时候，对方却反悔了。乙方公司代表说另一家大公司也在跟他谈同样的项目，他不敢得罪大公司，所以要取消与我们的合作。 取消合作就意味着我们前期付出的所有努力都白费了。我并没有妥协，立刻就这件事情跟上游的甲方公司进行了沟通。 在我说明原委、道明利害关系后，甲方公司就把这个项目撤销了，乙方公司也没能执行该项目。 不讲诚信的结果不会是损人利己，只会是两败俱伤。你遇到过这样的人吗？你是怎么处理的呢？

我们可以把这个选题的关键词提炼为诚信，所有的内容都围绕诚信展开，不用硬塞进去太多的素材，修改后的脚本见表 2-1 中的"修改后的脚本"列。

运用"简单"这个原则是指，无论想表达什么，切记不要贪多，只要围绕一个关键点展开内容就可以了。

（2）意外：让用户全身心地投入。

在开会、上课等场景中，我们会主动集中注意力。但在大多数的日常场景中，我们没办法强求别人集中注意力，只能吸引别人的注意力。

怎么吸引别人的注意力呢？回想一下，在生活中我们会被什么样的事情吸引，在玩手机的时候又是什么样的推送消息才会让我们忍不住点开……它们大概都有一个特点——意外。

在生活中，对于那些持续不变的事物，我们可能会忽视其的存在。例如，对于钟表声、洗发水的味道、餐具的摆放等，只有当它们发生变化的时候，我们才会注意到。

同样地，若我们的视频想吸引他人注意，就要具备"意外"这个特点，也就是要打破常规。

我们都知道，海底捞是一个以卓越服务著称的火锅品牌。海底捞之所以能在大多数情况下保持服务水准（刚入职的员工可能无法提供非常优质的服务），在很大程度上靠的是出人意料的服务，下面是一些案例。

一位顾客在吃完饭后要赶火车却打不到车，这时，海底捞的店长开着自己的车把他送到了火车站。

服务员因上错了汤，赶紧送上一张玉米饼来道歉，玉米饼上面还有"对不起"三个字。

有位顾客想把吃剩下的西瓜打包，服务员表示切好的西瓜是不能打包的，之后送上一个完整的西瓜。

服务员看到独自来吃饭的顾客，抱来一个布娃娃陪顾客一起吃，说这样顾客就不会孤单了。

这些行为打破了原有餐饮服务的规则。可能在新员工看来，在上班时间开车送客人到火车站简直太荒唐了，跟他们曾经的服务理念相去甚远。但对于每个消费者来说，这样的服务又何尝不是"意外"的呢？

海底捞的使命是提供业内最优秀的客户服务，这句话固然没错，但很遗憾，这个使命听起来和其他餐饮企业没有什么不同。若想引起别人的注意，被记住，被传播，就要打破常规。"提供业内最优秀的客户服务"是常规，"送顾客到火车站"则打破了常规。

（3）具体：让用户理解并记住。

很多人是做着这样的数学题长大的："小明有5元钱，买包子花了2元钱，买豆浆花了1元钱，还剩多少元钱？"这时，我们会写下算式：5-2-1=2。

为什么要给数学题设置一个具体的场景呢？因为抽象的知识既不易于理解，也不利于教学和传播。而把抽象的内容具体化则可以避免这种问题。

怎么做到具体化呢？可运用基模，并在基模的基础上进行说明。"基模"指的是在我们的脑海里本身就存在的信息。例如，解释圣女果是什么。

- 解释一：圣女果是一年生的草本植物，属茄科番茄属。植株最高时能长到2米。果实鲜艳，有红、黄、绿等果色，单果重一般为10～30克，果实以圆球形为主。圣女果通常有生津止渴、健胃消食、增进食欲的功效。
- 解释二：圣女果是小西红柿。

显然，解释二既简单又清楚。因为解释二是在我们已知概念（西红柿）的基础上进行的加工。当我们了解到圣女果就是小西红柿的时候，在大脑中自然会先出现西红柿的形象，然后对它进行改造，也就是把它缩小。

在这个例子中，"西红柿"就是一个已有的基模。所以，我们可以试着利用基模来让讲述的内容更具体、更生动。

（4）共鸣：让用户行动或传播。

好的内容能够引发用户共鸣，让用户能够由视频联想到自身。因为只有和自身切实相关了，才会引发用户的进一步行动。这个行动既可能是转发视频，也可能是购买产品。

美国卡耐基梅隆大学曾经开展过一项实验，用于调研影响慈善捐款的因素。参与测试的人被分为两组，其中一组人看到的是非洲饥荒的具体数据，如有多少人正在受难、缺少多少粮食等，而另一组人看到的是一个处于饥荒中的小女孩的故事。结果后者的捐款额远远大于前者的捐款额。

为什么会这样？数据固然可信，但故事才能引发共鸣。在看到那个小女孩后，人们不禁想到自己的孩子、自己的弟弟妹妹，从而纷纷伸出援手。

再如，名人的励志故事总被广泛传颂，那是因为当阅读这些故事时，我们可以从他人的成长经历中联想到自己，从而获取能量，为下一步的行动提供精神动力。

因此，可以在视频中通过讲故事的方式来引发共鸣。另外，在面对不同的人时，要讲不同的故事：假如你是一名创业者，想展现自己坚毅的特点，在面对创投圈的投资人士时，可以讲一个连续创业、屡战屡败、屡败屡战的故事；假如你面对的是一群爱美的"小姐姐"，那么可能更适合讲坚持运动、减肥成功的故事。

总之，在通过讲故事的方式引导对方时，我们一定要好好问问自己，想引发对方什么样的情感共鸣、采取什么样的行动，对方又能从中得到什么。

> **注意**
>
> 在主体内容需要具备的 4 个特点中，至少需要具备简单、具体这两点，在此基础上能有意外和共鸣就更好了。
>
> 例如，脚本采用了递进式框架来聊时事热点，在主体部分分析为什么会出现这种现象时，条理清晰，即做到了简单；在提到一些专业度较高的内容时能做类比，即做到了具体。

9. 案例

下面就示范一下如何写出一个视频脚本。其账号为主营家乡水果等特产销售、面向女性群体的正能量类账号。

（1）确定选题。

我们之前介绍过很多种确定选题的方法，这里借助"可预期的热点"方法来确定选题。例如，恰逢母亲节，可以设定选题为"爱在生活的点滴里"，讲述孩子把学校发的苹果留下来作为礼物送给妈妈的温情故事。

（2）搭建框架。

框架有3种，这里采用总分总式。

- 总起：一句话概括内容，引发好奇心。
- 分述：一对母女之间关于"苹果"的故事。
- 总结：金句结尾，升华故事。

（3）开头。

开头的写法有3种，这里采用"用悬念法勾起用户的好奇心"这一写法。

开头：给妈妈的爱，一个苹果就够了。

（4）主体。

起：今天是母亲节，我像往常一样接我5岁的宝贝女儿放学。

承：小宝贝一出校门就飞奔向我，说："妈妈，节日快乐！"并从书包里拿出一个苹果，解释说这个又大又红的苹果是今天老师发的，她知道今天是母亲节，就没舍得吃，一直盼着放学给我："妈妈，等以后我能赚钱了，还会送你好多好多甜甜的苹果。"

转：那一刻，我热泪盈眶，一种强烈的幸福感包围着我。

合：后来，我买了一袋苹果，带着女儿一起去看我的妈妈。

写完后可以审视一下，是否具备主体内容的特点（至少要满足简单和具体两个特点）：首先，故事围绕一个苹果展开，条理清晰，情节简单；其次，把孩子对母亲的孝心体现在一个苹果上，内容很具体；最后，整个故事体现了生活中的小温暖，真实且动人，很能引发共鸣。

（5）结尾。

结尾的写法也有3种，这里采用"用金句法引发点赞和转发"这一写法。

结尾:就像老歌中唱的"老人不图儿女为家做多大贡献",只需要一个苹果,就能让爱留在心间。

综上所述,完整的单镜头脚本如下。

给妈妈的爱,一个苹果就够了。

今天是母亲节,我像往常一样接我5岁的宝贝女儿放学。小宝贝一出校门就飞奔向我,说:"妈妈,节日快乐!"并从书包里拿出一个苹果,解释说这个又大又红的苹果是今天老师发的,她知道今天是母亲节,就没舍得吃,一直盼着放学给我:"妈妈,等以后我能赚钱了,还会送你好多好多甜甜的苹果。"

那一刻,我热泪盈眶,一种强烈的幸福感包围着我。后来,我买了一袋苹果,带着女儿一起去看我的妈妈。

就像老歌中唱的"老人不图儿女为家做多大贡献",只需要一个苹果,就能让爱留在心间。

实战练习 4

按照脚本创作的方法完成一个符合账号定位的脚本。

选题	框架	开头	主体	结尾

2.1.4 短视频的拍摄技巧

1. 手机拍摄参数调节

在拍摄前,我们可以先调节相机参数(分辨率和帧率)。iPhone 手机的调节路径为"设置"→"相机"→"录制视频",打开"录制视频"界面,如图 2-9 所示;

华为手机的调节路径为"相机"→"设置",打开"设置界面",如图 2-10 所示。

图 2-9

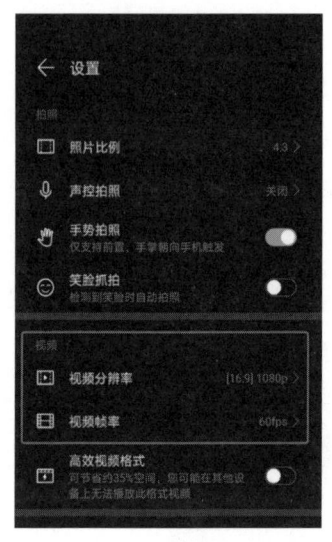

图 2-10

建议把视频显示格式设置为 1080p,这样拍出来的视频足够清晰,且不会占用太多内存。那帧率(fps)要怎么选择呢?帧率是指每秒拍多少帧,如 60fps 代表每秒拍 60 帧。帧率越高,画面越流畅、越细腻,所以我们可以选择"1080p HD,60fps"选项。

需要注意的是,在户外拍摄的时候,最好开启"自动对焦锁定"功能。因为如果没有开启该功能,在人来人往的户外,手机就会不断地自动对焦,拍出来的画面会出现一闪一闪的现象。开启"自动对焦锁定"功能的方法很简单,在拍视频的界面长按对焦点就可以了,如图 2-11 所示。

2. 演说类视频的拍摄方法

很多人采用对着镜头说话的方式来做短视频,

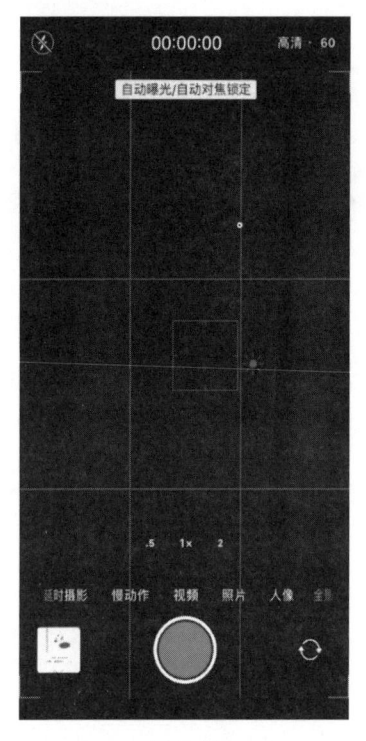

图 2-11

但就是这样看似简单的操作,每个人拍出来的效果也不尽相同。若想有好的效果,可以从以下几个方面来改进。

(1)布景。

首先,布景要简约、不杂乱。例如,用书架做背景或者用有装饰画的墙面做背景都是不错的选择。当然,如果没有合适的条件,也可以选用一面白墙作为背景,如图 2-12 所示。

图 2-12

其次,布景时最好能有空间感,让视频画面看起来更立体。方法也很简单,在拍摄时人物与背景保持一定的距离,就能营造出纵深感。如果在拍摄时有前景,也就是在主体前还有物体,则空间感会更强。在图 2-13 中,人物距离墙面较近。在图 2-14 中,人物距离墙面较远。在图 2-15 中,人物距离墙面较远且有前景。

图 2-13

图 2-14

图 2-15

（2）构图。

若是单人位于镜头前，则在构图时采用最简单的中心构图法就可以了（人物放在画面正中间，使得人物突出、画面平衡），图 2-13 ~ 图 2-15 采用的就是这种方法。

我们也可以采用九宫格构图法。这种方法也很简单，利用手机的辅助线把画面分成九宫格，4 条线的交汇点就是人的视觉最敏感的地方，在拍摄时把主体放在 4 个点或 4 条线上，就能突出重点，并且画面不会显得过于呆板，如图 2-16 所示。

图 2-16

辅助线的功能在哪里设置呢？iPhone 手机的设置路径为"设置"→"相机"→"网格"，如图 2-17 所示；华为手机的设置路径为"相机"→ ▣ （见图 2-18）→"# 参考线"（见图 2-19）；其他品牌手机的设置方式类似。

图 2-17 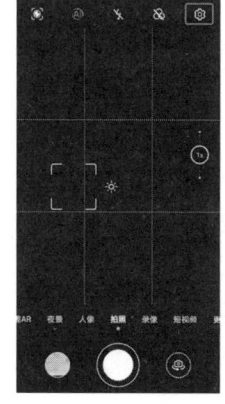　　　　　　图 2-18 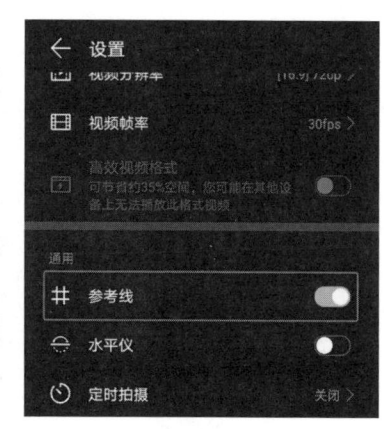　　　　　　图 2-19

另外，对于拍摄人物的视频来说，最好只拍上半身，让人物占据整个画面的 1/3 左右。当然，如果颜值很高，那么人物占满画面也未尝不可。

（3）运镜技巧。

不管我们拍摄的主题是美食、艺术还是旅游，都需要思考怎样运用镜头来丰富故事。

为了让后期剪辑时的素材更丰富，呈现出的视频观看效果更好，在拍摄时，我们可以把同一个事物的全景、中景、特写都拍下来。

那么，要怎么拍呢？虽然拍摄技巧很多，但对于大部分人来说，不用拍多么炫酷的视频，只掌握下面这 3 个运镜技巧就足够了。

① 推拉。

在拍摄主体时，可以采用由远到近推镜头或者由近到远拉镜头的方法。

例如，要拍一个人，可以从远处慢慢地推镜头，也就是从全景到特写；也可以反过来，从特写到全景，但不要忽远忽近。拍摄过程中画面也不要抖动，可以借助稳定器进行拍摄。

推拉镜头时还有一个技巧，就是设置前景。我们可以先拍前景，然后把镜头推到主体，反过来也一样。例如，人是主体，我们可以先拍人物前面那束花，再拍人。

② 旋转。

旋转有两种方法：

- 一种旋转是人转，镜头不转。例如，在拍一个画展时，四周都是画，此时我们可以拿着手机围着画展转一圈，把周围的画都拍下来。不过，要注意围着画展转的速度要保持不变，不要转得忽快忽慢，镜头也不要上下晃动。
- 另一种旋转是人不转，镜头转。例如，我们拿着手机先倒着拍楼房，再慢慢把手机正过来，这样就能把一些很普通的事物拍得具有视觉冲击力。

③ 平移。

平移就是镜头跟随主体移动。例如，我们想拍一个人从 A 点走到 B 点，就可以举着手机让镜头随他一起走。同样，要注意镜头不能晃动，和他的相对位置也要保持不变，不要忽远忽近。

举例：想拍一只可爱的小狗，并同时运用以上 3 种方法，则可先由远到近推镜头靠近这只小狗，再拿着手机绕着这只小狗拍一圈，最后在它走动或跑动的时候跟着它拍摄一段视频。通过运用这种方法剪辑出来的视频场景会很丰富。

2.1.5 用手机剪出大片

很多爆款短视频的制作都很简单。例如，给一段风景视频配上金句；对着镜头讲一段话；给几张照片配上音乐和歌词……

对于这些视频的制作，只要掌握 3 个基础操作就可以了，即剪切、拼接素材；添加旁白和字幕；添加背景音乐。

打开剪映 App，如图 2-20 所示，单击"开始创作"按钮，即可导入手机相册里的视频或图片素材。

图 2-20

1. 剪切、拼接素材

若想剪掉视频中的多余部分，则记住移、选、割、删 4 个字就可以了：首先，把分割线（白色的线）移动到想要剪切的地方；其次，选中视频（被选中的视频会出现白框），单击"分割"按钮（见图 2-21），分割后的效果如图 2-22 所示；最后，选中分割后的视频，单击"删除"按钮即可剪掉不想要的片段，如图 2-23 所示。

怎样把多个视频或者多张图片素材组合在一起呢？单击图 2-24 中的"+"按钮即可导入新的素材。

怎样处理每段视频之间的衔接呢？单击两个视频之间的"|"，就会出现多种转场效果，选择合适的效果即可，如图 2-25 所示。

图 2-21

图 2-22

图 2-23

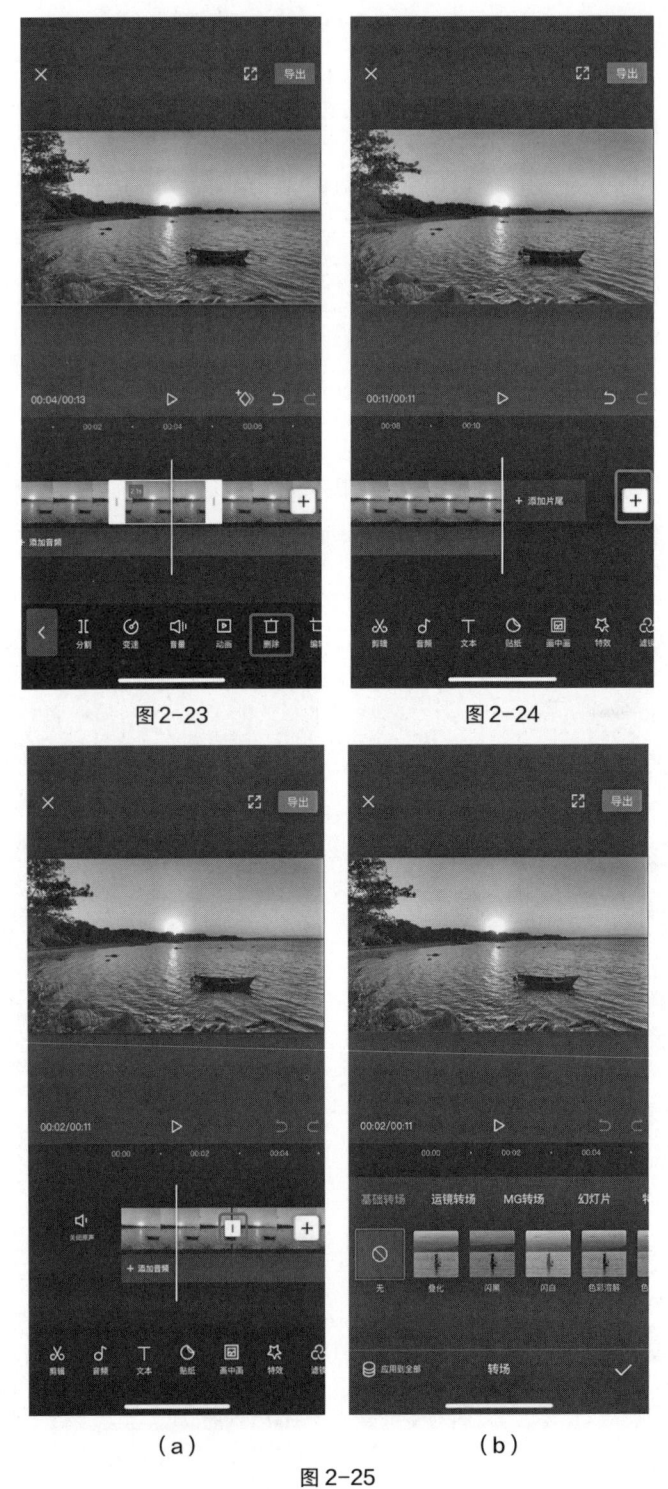

图 2-24

（a） （b）

图 2-25

2. 添加旁白和字幕

如果需要给视频配音,则可依次单击"音频"(见图 2-26)→"录音"(见图 2-27)→"按住录音"(见图 2-28)按钮进行配音。

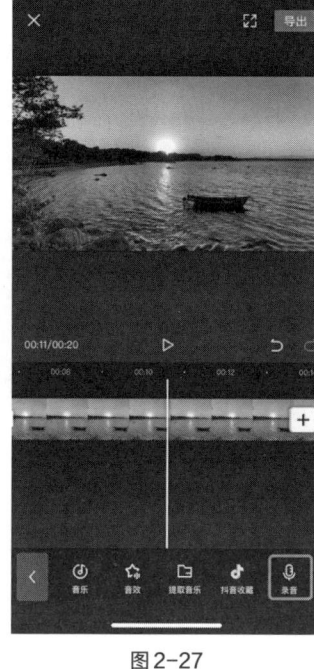

图 2-26

图 2-27

图 2-28

如果视频本身就带有旁白,即一边说话一边录制的,则可依次单击"文本"(见图 2-29)→"识别字幕"(见图 2-30)按钮直接添加字幕。当然,自动识别字幕会有一些错字,需要进行审核、修改。

如果视频没有声音,如风景展示视频,想在视频画面中配上文案,则可以单击图 2-30 中的"新建文本"按钮来添加文字。

还有很多视频,虽然画面上有文字,但声音是机器配音,这是怎么做到的呢?其实很简单:首先,单击"新建文本"按钮,输入想展示的文字;然后,选中文字,在下面的菜单栏中会出现"文本朗读"按钮,单击该按钮即可生成自己喜欢的配音,如图 2-31 所示。

图 2-29　　　　　　　图 2-30　　　　　　　图 2-31

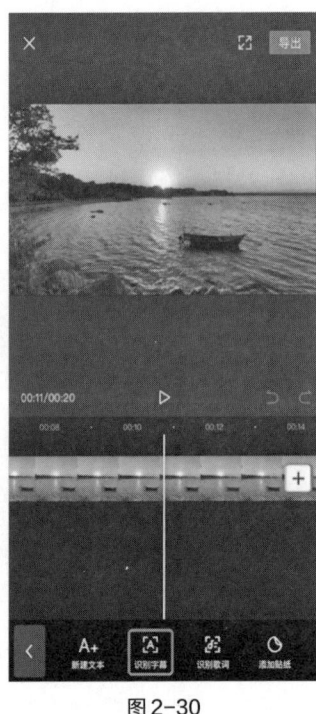

3. 添加背景音乐

在视频剪辑界面，依次单击"音频"（见图 2-32）→"音乐"（见图 2-33）按钮，即可添加背景音乐（既可以选择剪映 App 推荐的音乐，也可以导入抖音中的音乐）。例如，在抖音中看到一个视频，很喜欢其背景音乐，想要使用，只要复制这个视频的链接，在剪映 App 中单击"导入音乐"按钮，并粘贴链接就可以了，如图 2-34 所示。同样地，如果想用某个视频的配音，则可直接复制这个视频的链接，剪映 App 会直接提取它的音频。

在选择背景音乐时有一个技巧：若选择受欢迎的歌曲作为背景音乐，则可以增加视频受欢迎的可能性。例如，图 2-35 展示了一个绘画类视频下的评论。

这个视频号的所有视频画风一致，其他视频的点赞量只有几十次，而这个视频的点赞量上千。为什么会这样呢？在看了评论后就会得到答案：这个视频用了华晨宇的歌曲作为背景音乐。当然，这并不代表只要选用热门歌曲视频就会火，但会增加视频上热门的概率。

第 2 章
快速引流

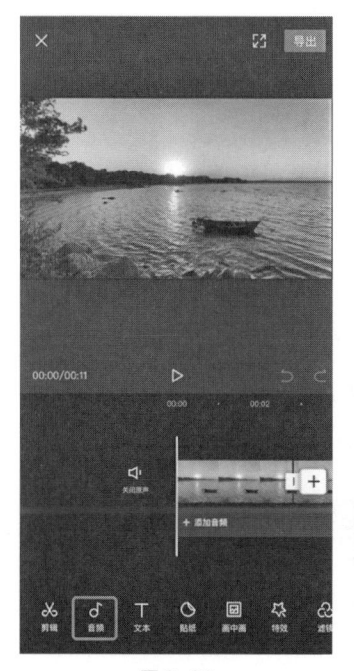

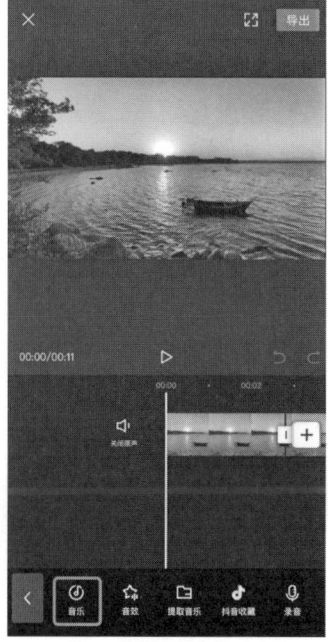

图 2-32

图 2-33

图 2-34

图 2-35

065

实战练习 5

拍摄 2.1.3 节中的脚本，并剪辑成视频。

2.1.6 短视频的全平台发布

制作好短视频后，应该把它们发布到哪里呢？

首先，需要明确的是，既然发布短视频的目的是引流，那么自然是流量越多越好，所以我们要让自己的作品在尽可能多的自媒体平台上展示，包括短视频平台（抖音、视频号等）和图文平台（头条号、公众号等）。虽然每个平台的发布规则不同，但同步发送视频并不会耗费太多的时间、精力，还可以让创作的内容价值得到充分发挥。

1. 自媒体平台推荐

自媒体平台有很多，推荐以下 6 个短视频平台和 6 个图文平台。

- 短视频平台：视频号、抖音、小红书、B 站、微博、好看视频。
- 图文平台：公众号、头条号、知乎、百家号、网易号、搜狐号。

> **注意**
>
> 以上推荐的这些平台，有一些平台本身的流量很大，如视频号、抖音等；还有一些平台在搜索时的权重高，有利于用户找到我们的内容，如好看视频、百家号（百度旗下），用户通过关键词在百度中搜索时，这些平台上的内容排序会更靠前。

2. 运营要点——关注引流率

虽然我们的视频在全平台发布，但不用各个平台"一视同仁"，可以选择一个重点运营的平台。怎么选择重点运营的平台呢？可以在各平台运营一段时间后，通过查看数据转化率进行选择。因为每个品牌/个人的调性不同，在各平台上的运营效果也会不太一样，所以建议不要跟风，而是根据自身的数据来做分析。如果我们的受众主要是中老年的男性用户，那么在 B 站、小红书这样的平台上就不用做过多的投入。

需要注意的是，在选择重点运营平台时不能直接选用播放量、点赞量、涨粉量之类的数据，因为不同平台中的点赞量或粉丝的含金量并不相同。例如，视频号会将被点赞的视频推荐给点赞者的微信好友，而其他平台的点赞仅是点赞，所以视频号中点赞行为的含金量更高。

那如何进行平台对比呢？我们要重点关注引流率，即吸引了多少人申请加微信好友：可在各个平台账号的简介里留下微信号，那么被视频内容打动的人就很有可能申请加微信好友并发私信互动，从而沉淀在私域里。假设我们在抖音平台上有 1 万名粉丝，其中有 50 人申请加微信好友，而在小红书平台上只有 5000 名粉丝，其中有 200 人申请加微信好友，那么这两个平台哪个更适合作为主要的引流渠道呢？显然是小红书，而不是粉丝更多的抖音。

这个时候，自己或团队就可以深入研究小红书这个平台了，从而创作出更多符合这个平台调性和推荐机制的内容，其他平台同步发布即可。

3. 视频号是和私域连接最紧密的平台

需要特别说明的是，视频号没有单独的 App，它就"寄生"在微信中，所以和"引流到私域"这个动作的联系最为紧密。

视频号的注册路径为"发现"→"视频号"→右上角的人像标识，如图 2-36 所示。

在推荐机制方面，其他平台均为算法推荐，即根据用户的喜好（停留时长、点赞、收藏等互动情况）来推荐用户喜爱的内容。而视频号除了算法推荐，还有基于社交关系的推荐，即在用户点赞后，被点赞的视频会出现在点赞者微信好友的视频号信息流中。

图 2-36

这就意味着，若想在其他平台中获得流量，就要依靠内容；若想在视频号中获得流量，除了需要依靠内容，还可以通过社群转发、朋友圈等推广动作，让更多人点赞来获得流量。

以前商家喜欢用朋友圈集赞的方式来进行营销，现在也可以把这种方法运用到视频号上。怎么用呢？在视频号中发布的视频下方会显示有多少个自己的微信好友点赞了，如图 2-37 所示。我们可以运用这一功能，让用户去扩散我们的视频，他的微信好友点赞达到多少个就能得到相应的礼品。

在功能方面，视频号可以在账号主页直接关联企业微信，方便用户直接添加企业微信；在发布视频时也可添加扩展链接，即公众号文章，在公众号文章中可以放置企业微信二维码，引导用户添加企业微信。所以，为了能够更好地引流，在运营视频号时可同时应用这两个功能。

图 2-37

实战练习 6

在各个平台注册账号,并选定主要的引流平台。

2.2 直播引流

由于直播界有很多"造富神话",因此很多商家想通过直播来实现业绩的大幅提升。但在真正开始直播后就会发现:怎么别人的直播间有几百万名的粉丝围观,成交额动辄几百万元,而自己的直播间门可罗雀,无人购买呢?

我给大家的建议是:好好做私域。能在直播间利用公域流量直接成交并且有一定利润的属于极少数。

怎样利用私域做直播呢？我们要把引流和转化拆开进行，而不是直接在直播间对陌生人进行转化（当然，在直播间也是可以直接成交的，但不能作为引流直播的主要目的）。

本节将介绍如何通过直播把用户引流到私域，从而潜移默化地影响用户、构建信任基础，最终让用户产生购买行为。

> **注意**
>
> 由于视频号直播是嵌入微信生态的，可直接引流到私域，因此如果其他平台没有大量粉丝，则建议以视频号直播为主。本节的操作部分均以视频号直播为例进行说明。

2.2.1 策划直播主题

首先，不管是个人 IP 型私域、实体店型私域，还是线上品牌型私域，在引流阶段，都要在直播间建立某个领域的专家形象，让用户愿意主动添加微信，建立连接。例如，我们主营保险业务，可以在直播间分享一些保险知识，而不是在直播间介绍自己的产品。

关于直播选题，应尽可能选择受众喜欢的话题。可以通过分析爆款公众号文章、爆款短视频来挖掘大家广泛探讨的话题，并以此作为直播主题的一个点去发散思维。

还要确定直播间的引流产品，利用低价格（甚至免费）且高价值的产品来把用户沉淀到私域。例如，向添加微信的用户赠送一份有价值的资料；购买一套 9.9 元的试用装，即可进入服务群，享受终身服务；等等。

2.2.2 预热宣传

在策划好主题后就可以设置直播预告了。直播预告的设置路径为"发现"→"视频号"→右上角人像图标→"发起直播"→"创建预告"，如图 2-38 所示。

预告创建后，在视频号主页中会出现直播预约模块，并且可以生成预约二维码。在预热阶段（建议是直播开始前的 3 ~ 7 天，若时间太长，则可能会被用户遗忘；若时间太短，则可能因宣传力度不足造成进入直播间的人数过少），应尽可能地发挥私域能量，让更多的人帮助扩散直播预约二维码，方法有如下两个。

1. 吸引用户转发宣传物料

假如视频号的直播宣传物料是海报，海报上除介绍直播主题和印有直播预约二维码（或企业微信）外，还要标明若转发本海报到朋友圈，则可以在直播间免费领取有价值的资料或产品。

如果想发动更多人转发，则一方面，利益点要设置得诱人，越多人适用的东西越好；另一方面，物料要做得精美一些，毕竟转发到朋友圈就等于向亲朋好友展现自己的品位。所以如果海报不够精美，即便赠品很诱人，用户也会犹豫不决，从而无法实现裂变。

图 2-38

2. 邀请他人推广

视频号直播有一个特别好用的功能：不仅可以在后台设置邀约二维码，还能在后台看到谁邀请来了多少人。所以，可以发动员工、分销员或客户去做邀请，根据邀请人数，给予邀请人一定的奖励，从而激发大家的积极性。

在视频号后台邀请他人推广的操作路径为"直播管理"→"直播预告"→"邀请他人推广"，如图 2-39 所示。

图 2-39

2.2.3 写好直播提纲

在策划好直播主题后，就可以一边做宣传一边撰写直播提纲了。

在设置提纲的时候，要尽可能地把直播内容拆分成多个要点，并且每个要点应相对完整、独立。例如，在直播间分享"购买保险的十大坑"时，就可以分10个要点来讲。这样做有以下两个好处。

- 用户进入直播间是比较随机的，停留的时间一般不长，如果整个直播不做划分，则用户在中途进来而不是从头开始看时，有可能不知道主播在说什么，无法吸引用户留下。在拆分成多个要点后，每个要点之间没有强关联。即便用户只听到其中一个要点，也能获得有价值的信息，从而提高用户对直播的好感度，增加互动性。
- 每讲完一个要点，主播就可以通过与大家互动的方式进行引流。正如前文介绍的那样，一般用户在直播间都不会停留太久，所以要尽量多次引导，尽可能触达每一位进入直播间的用户。而在讲完一个要点时引流，动作会比较自然。

另外，引流话术也要写好，即用户为什么要购买引流品、添加微信或进群，需要给出足够有吸引力的理由。

2.2.4 做好开播前的设置

开播前的设置包括6个基本操作：上架引流品、绑定企业微信、设置直播封面和主题、选择直播分类、选择发红包的群、开启粉丝团/连麦/送礼物。

1. 上架引流品

路径："创作者中心"→"带货中心"→"去开店"，如图2-40所示，按照平台要求上传资料，并按步骤上架产品，开播前在直播间挂上相应的产品即可。

图 2-40

> **注意**
>
> 即便是免费的引流品，也建议大家将其售价设置为 0.1 元并上架到直播间，之后引导用户购买，购买后按照产品介绍里的方式（加微信）进行兑换。因为直播间的产品销量越高，越会被平台认定为较为优质的直播，从而有机会获得平台给予的更多公域流量。

2. 绑定企业微信

路径："视频号主页"→右上角 3 个点→"账号管理"→"绑定的企业微信"，如图 2-41 所示。

图 2-41

绑定企业微信后，一方面视频号主页会显示企业微信，如图 2-42 所示；另一方面，单击直播间最下方的"链接"按钮，可在直播间推送企业微信，以及下一场直播预告，如图 2-43 所示。

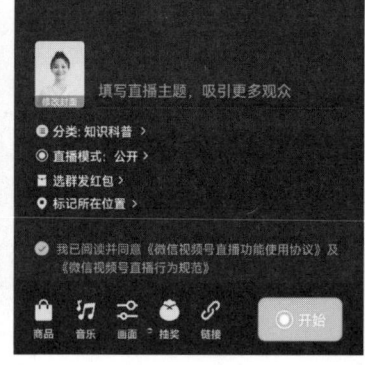

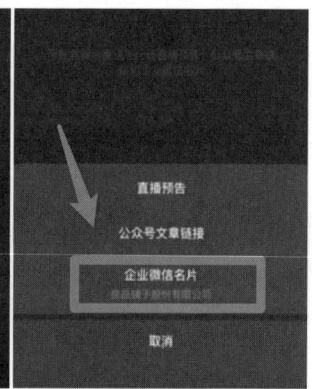

图 2-42

图 2-43

3. 设置直播封面和主题

在直播正式开始前的 20 分钟左右，单击"发起直播"→"直播"按钮，进行直播设置，如图 2-44 所示。

图 2-44

> **注意**
>
> 直播封面的对外展示比例是 3∶4，如果不修改封面，则会默认选择视频号头像或上一次直播的封面；主题按照预热时宣传的主题填写即可。

4. 选择直播分类

如果在直播间挂上了产品，则建议选择购物类直播。关于这方面的内容，可多关注视频号的最新活动或政策（对哪种直播有流量倾斜，就可以向哪种直播发力）。

对于"谁可以看"，一般选择"公开"，即公开直播。如果该场直播是某类用户的福利，则为了体现他们的"特权"，既可以设置成私密直播，也可以设置观看直播的群或个人。

5. 选择发红包的群

在选择发红包的群时，最多可选择 20 个群，在开播后这些群就会收到直播间正在发红包的提示，单击提示即可直接进入直播间。这个功能可以很好地撬动私域，建议大家都尝试一下。

在标记直播间的所在位置后，平台会有基于地理位置的同城推荐。

6. 开启粉丝团 / 连麦 / 送礼物

单击图 2-44 中右上角的 3 个点按钮，能够弹出直播间的各种互动设置界面，包括粉丝团、开启连麦、送礼物等，可以根据直播的需要打开或关闭一些功能，如图 2-45 所示。

> **注意**
>
> 由于用户参与抽奖的规则是要在直播间评论，因此，如果想提高直播间的互动率，增加直播间的热度，则可设置抽奖环节。

2.2.5 直播中引导互动

即便已做好开播前的设置，但若不能在直播中引导互动，则也不会产生很好的效果。互动可以分为以下几个方面。

1. 引导关注

在引导用户关注时，需要说明账号能提供的持续价值。例如，"在这里每天都会给大家分享一种美食的做法，关注一下，随时学好吃又简单的新菜"。

图 2-45

2. 引导转发

在引导用户转发时，需要说明用户在转发直播信息后可以得到哪些奖励，以便实现扩散。例如，"在转发后将朋友圈截图发到企业微信，即可获得一份秋季健康饮食食谱，再也不用纠结每天吃什么了"。

3. 引导评论

通过提出一个简单且和每个人都有关系的问题，引导用户评论。例如，"直播间的朋友们都来自哪里呀？我们看看哪里的朋友们更爱美食，下一次我们的直播/视频就来介绍一款这个地方的代表性美食"。另外，通过鼓励更多的用户参与抽奖，也能增加直播间的评论量。

4. 引导加微信

在引导用户加微信时，需要说明用户在加微信后能够得到什么样的服务。例如，"欢迎大家添加企业微信，在看视频和直播的过程中，有任何不懂之处均可随时咨询"。

5. 引导下单

在引导用户下单时，需要说明产品的价值，凸显性价比。例如，"我们这里有一份瘦身食谱，只要按照食谱吃，不用饿肚子就能瘦下来，大家在直播间下单0.1元的产品即可领取瘦身食谱"。

> **注意**
>
> 前3个互动行为是为了增加直播间的热度和流量，后2个互动行为是直播的主要目的：沉淀用户到私域池。所以，建议在每个互动环节都要安排后2种互动行为。至于前3个互动行为，可视情况在每个互动环节安排1~2个。

2.2.6 直播后做好售后及复盘

直播结束并不是真正的结束，还要做一系列的售后及复盘工作。

1. 售后

- 对于在直播间中奖、转发次数达到一定数量的用户，要兑现在直播间承诺的奖品或礼品。
- 所有加了企业微信的人，都要实现"可感知"，即之前提到的——在用户连接建立之初，就让用户有效感知到自己和商家之间建立的联系。例如，感谢用户添加好友，说明可随时咨询问题等。
- 主动添加所有在直播间下单用户的微信，并及时发货。

2. 复盘

在网页端登录视频号助手，执行"数据中心"→"直播数据"→"单场数据"→"数据详情"命令，即可查看这次直播的所有数据，如图2-46所示。

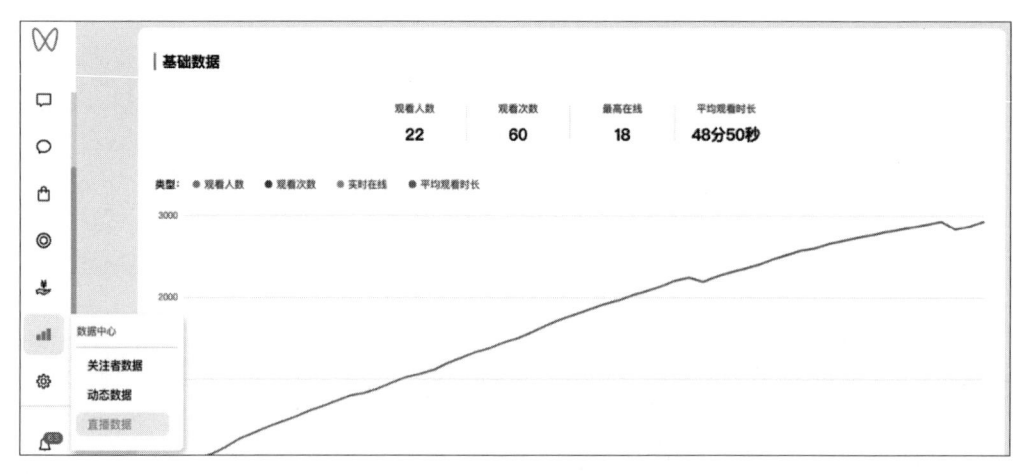

图 2-46

可以将这场直播的数据和之前直播的数据进行对照：哪些方面有所提高，哪些方面明显下降，从而分析这场直播的哪些方面做得好，哪些方面需要优化。例如，平均观看时长远高于之前的直播，那说明这场直播内容设计得不错，下次可以借鉴这场直播的选题和讲述方式；这场直播的观看人数较以往少了很多，那就要分析直播的主题受众基数是不是广泛、私域的传播及裂变是否在哪个环节出了问题、直播的时间是否合适等。

3. 宣传

根据直播规模的大小，可以适当地在直播后进行宣传：若为日常直播，则简单宣传一下即可（发朋友圈等）；若为重要直播，则可通过短视频、公众号文章、新闻稿等方式进行全渠道宣传。

在直播后进行宣传的目的是让那些没有参与这场直播的用户看到直播的亮点，从而吸引用户下次观看直播。

因此，我们宣传的侧重点就在于这场直播的成功之处。例如，下单人数突破新高，有1万人领取了不用饿肚子的瘦身食谱，没有领取到瘦身食谱的朋友可预约下场直播。

实战练习7

策划并开展一场直播，完成下方表格。

步骤	具体内容
策划直播主题	
预热宣传	
写好直播提纲（含直播内容和互动环节）	
做好开播前的设置	
直播中引导互动	
直播后做好售后及复盘	

2.3 实体店引流

对于实体店来说,吸引更多人进店,并且把更多的进店流量沉淀在私域,再通过精细化运营增加到店率,以及通过提供性价比高的产品增加复购率,是实体店业绩获得有效增长的必经之路。

2.3.1 将进店流量沉淀到私域

实体店如何把进店流量沉淀到私域呢?做好两点即可:提供有诱惑力的利益点、具有醒目的触达方式。

1. 利益点

利益点主要有两种:提供优惠、提供便利。

- 提供优惠示例:针对所有的产品都可以设置具有一定优惠力度的会员价,只要添加门店导购员的微信即可享受会员价。有了原价的对比,客户会觉得通过添加微信这一简单方式享受优惠价格是很值得的。除此之外,还可通过提供赠品、发放优惠券等方式来吸引客户添加微信。
- 提供便利示例:经常旅游的朋友可能会遇到这样的情况——景点中销售当地特产的门店会提供特产包邮服务,在寄出快递后会通过门店导购员的微信发送快递单号,这是一个非常自然的为了给客户提供便利而添加微信的场景。为什么要如此操作呢?因为游客大概率不会再去曾经到过的景点了,更不可能再去同一家门店购买曾经购买过的特产,如果不执行添加微信的动作,则在游客购买完特产的那一刻,客户也就流失了。但在添加了微信后,导购员就有可能通过线上的不断触达,使客户复购。

除此之外，还可以通过给客户提供产品咨询、使用指导等服务添加客户微信。

2. 触达方式

在实体店内，要有醒目的触达用户的方式。触达方式示例：店内张贴海报；收银处放置提示牌；门店导购员引导等。其中，门店导购员的引导效果最好。对于在店内未成交的人和成交的客户，需要设计如下两套话术。

- 未成交话术：您没能挑到合适的产品吗？没关系的，我加一下您的微信，之后如果有什么新品或者优惠活动我再通知您。另外，这里有一份样品送给您体验。
- 成交话术：我们针对产品录制了一个使用视频，请您扫一下我的微信二维码，我发给您。这个使用视频的讲解比说明书中的文字更直观。

2.3.2 通过营销活动吸引更多人进店

上一节讲解了最基本的将"送上门"的客流沉淀到私域，更进一步，能否通过一些营销活动吸引更多的人进店，从而令更多的人进入私域呢？下面介绍几个营销方法。

1. 首单免费法

把首单免费的活动海报张贴在实体店最显眼的地方，让路过的人都能看到。

- 首单免费活动标题：新人福利，首单免费！
- 首单免费的活动规则：充值高于购买产品 6 倍的金额，即可首单免费。

假设要购买 100 元的产品，则充值 600 元即可享受首单免费，会员卡内仍有 600 元可用于以后的消费。这种方式要比"充值 600 元送 100 元"的表述更容易吸引人进店。

如果客户充值了,那么客户会在一定时期内通过不断复购来消耗充值的金额,只要产品、服务到位,该客户就有可能成为忠实客户;如果客户没有充值,也没有关系,设计活动的最主要目的是吸引用户到店咨询并沉淀到私域,这时套用上一节的话术,引导其添加微信即可。

2. 全额返现法

全额返现法的示例如下。

- 全额返现活动标题:1元即可得199元的××套餐。
- 全额返现的活动规则:首单收取100元,其中99元会在之后的消费中分3次返还,每次返还33元。

如果客户购买了活动套餐,则客户仅花费1元钱就得到了199元的产品,之后客户会在一定时期内通过不断复购得到返还的金额,只要产品、服务到位,该客户就有可能成为忠实客户;如果客户没有购买,也没有关系,套用上一节的话术,引导其添加微信即可。

3. 阶梯定价法

阶梯定价法,即到店消费次数越多,价格越便宜。这种方法适用于固定成本占比高,购买人数对成本影响不大的商业形态,如电影院、KTV等。例如:

- 阶梯定价法的活动标题:10元看电影!
- 阶梯定价法的设计规则:在一个月内,第一次看电影的票价为60元,第二次看电影的票价为50元,第三次看电影的票价为40元……第六次及第六次以后看电影的票价均为10元。

原本一个月只需要看一次电影,但因为观看次数越多电影的票价越便宜,用户就会增加观看次数,也会增加相应的消费。

4. 游戏互动法

我们还可以通过趣味性十足的游戏来吸引用户驻足。例如,设置飞镖游戏,飞镖盘上的数字分别代表不同的折扣,甚至还有免单,用户在添加微信后即可参与一次扔飞镖的游戏。扔飞镖后是否进店消费,可视用户对获得的折扣是否满意而定,没有强制性要求。

实战练习 8

拥有线下门店的读者,请完成下方表格。

目的	具体方法
将进店流量沉淀到私域	
通过营销活动吸引更多人进店	

2.4 裂变引流

在具有一定的客户基数后,通过裂变,可激励种子客户分享拉新,并匹配阶梯式奖励(拉的人越多,奖励越多),从而实现私域客户的指数级增长。

> **注意**
>
> 在裂变引流时最好使用企业微信,一是因为企业微信在添加好友时数量无上限;二是不能因员工离职而造成客户流失;三是方便连接丰富的运营工具。例如,借助有赞的企微助手,可实现如图 2-47 所示的功能。

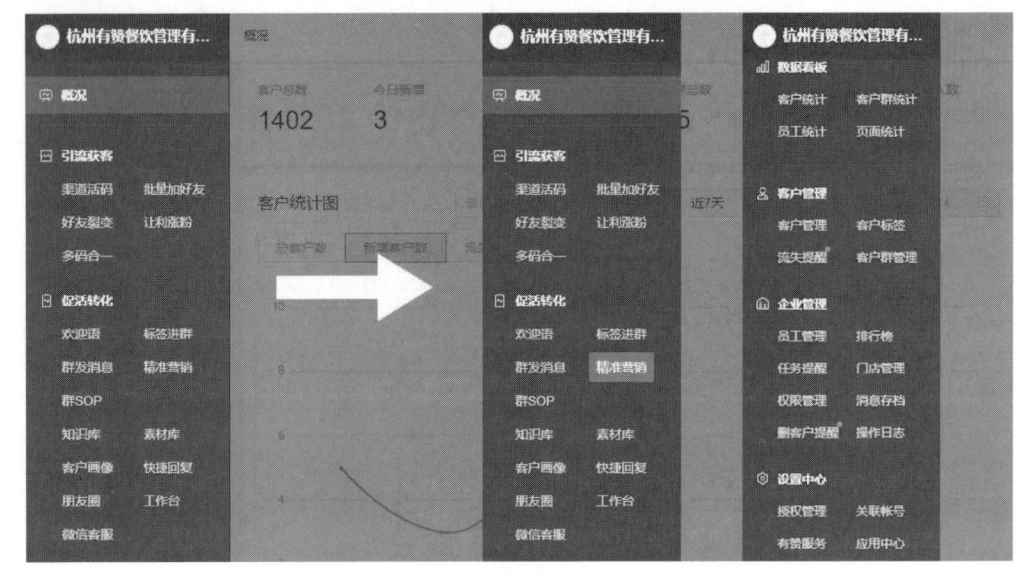

图 2-47

下面分别介绍一下应该如何设计"品牌型私域+实体型私域"的裂变活动、个人 IP 型私域的裂变活动。

2.4.1 "品牌型私域+实体型私域"的裂变活动

本节将以同时具备线上渠道和实体店的家居品牌——多喜爱为例来为大家讲解裂变活动的设计方法。

1. 设计裂变活动

- 活动主题：9.9 元抢莱曼抗菌舒适笠围保护垫。
- 活动形式：客户邀请 29 名好友添加企业微信，即可以 9.9 元的价格购买莱曼抗菌舒适笠围保护垫。
- 领取规则：每人仅限 1 床；在达到邀请人数要求后到店自提；先完成先兑换，款式抢完即止。

2. 设置裂变机制

- 奖品设置：奖品的领取规则要简单、易懂，奖品的吸引力足够大。在裂变活动中，多喜爱选择保护垫作为裂变专供产品的原因，一是不与现行产品"打架"；二是产品本身质量过硬，吸引力足够大。
- 门槛设置：一般来说，在设置裂变门槛时，会设置一个看起来比较容易实现的门槛，但多喜爱却设置了29人这个听起来很高的门槛。其背后的原因，一是选取的产品和价格足够有吸引力；二是想通过提高门槛，剔除一部分"羊毛党"，从而获取更高质量的客户。大家在设计活动时可视自身情况而定。
- 领取方式：多喜爱采用的是到店自提的方式。其背后的原因，一是节省运费支出；二是客户到店增加了转化其他产品的机会。该方法适合门店较多的商家，其他商家正常寄送即可。

2.4.2 个人IP型私域的裂变活动

一般来说，个人IP型私域以虚拟的知识付费产品为主。下面介绍一下这类私域是如何设计裂变活动的。

1. 设计裂变活动

- 活动主题：0元抢价值99元的视频课程。
- 活动形式：将活动海报转发至朋友圈即可免费学。
- 领取规则：转发朋友圈后在公众号内发送1即可兑换课程。

2. 设置裂变机制

- 奖品设置：由于虚拟课程的边际成本几乎为0，所以可以让客户以尽可能低的成本获取虚拟课程，以便调动更多人的积极性。需要注意的是，课程介绍及选择的虚拟课程一定要有吸引力，这是实现裂变效果的关键。

- 门槛设置：参与门槛较低——转发朋友圈即可。由于是0元获得课程，所以种子客户在转发朋友圈后，若其微信好友对课程感兴趣也会参与进来，裂变速度较快。
- 领取规则：在公众号内发送指定内容，这意味着该用户要先关注公众号再领取。在公众号里可将自动回复的内容设置为具体的兑换方式：添加企业微信并将朋友圈截图发给客服。这种方式可谓是一举两得：既可以为公众号"涨"粉，又可以将流量沉淀在企业微信中。

实战练习9

设计一个裂变活动，并填写下表。

活动主题	活动形式	领取规则

第3章 精细运营

3.1 微信号运营

在第 2 章中,我们已将所有用户沉淀在私域(即微信)中。接下来,我们需要运营好个人/企业微信号,打造人设,增加与私域用户间的信任感。

3.1.1 通过微信号打造人设

人设由两部分构成:一是能力,二是特质。

- 能力是指能为用户带来价值的专长。不能仅给用户留下我们是商家的单一印象,还要留下我们擅长某个方面、能够给用户提供帮助的印象。例如,我们不仅代表某个母婴品牌,还是育儿专家。
- 特质是指性格、态度、品质等特点,我们拥有的能力会让用户愿意与我们连接,但如果想让用户喜欢我们,和我们产生更长久、更密切的关系,则需要展现我们的特质,让用户感受到我们是活生生的有个性的人,而不是冷冰冰的标准化"产品"。

我们可以通过微信号的五要素来塑造人设。五要素分别是微信昵称、微信头像、个性签名、朋友圈封面、朋友圈内容。

1. 微信昵称

微信昵称要尽可能体现品牌或业务,当用户想联系我们或想联系相关业务时,可以很方便地找到。

微信昵称既可以是常用名,也可以是"常用名+业务"等。例如,"古京丽-CEO领导力发展资深顾问"。

如果不是个人号,而是客服性质的企业号,则建议将名称拟人化,而不是直接使用品牌名或企业名。例如，品牌名中有个"美"字，昵称就可以是"品牌名+小美"。这样会显得更有温度。

> **注意**
>
> 需要注意的是，微信昵称中不能有生僻字和符号，并且尽量不要频繁更换。

2. 微信头像

关于微信头像，要做到以下两点。

- 清晰真实。如果想让微信头像更好地展示自己，那么我们需要做到：清晰真实，即图片背景尽量干净，不要有太多的其他元素；识别度高，要有明显的色彩对比；人物不能太小；适当裁剪，不要压缩、变形。即便是企业号，也不建议直接使用企业LOGO，可以用一个卡通形象代替。
- 符合企业或个人特质。这一点很重要，因为微信头像是给用户留下的第一印象。例如，雷厉风行的职场女强人的微信头像是一张很可爱的照片，则该头像不符合个人特质，会减分。

3. 个性签名

个性签名的撰写一定要根据受众人群的特点来确定。如果受众是年轻人，则语气可以俏皮一点；如果受众最关心的是专业度，则内容上就要充分、客观地体现个人/企业优势，如资质、荣誉等。

4. 朋友圈封面

朋友圈封面是一个免费的广告位，可以体现个人/企业的主营业务、优势、成就、理念等，如图3-1所示。

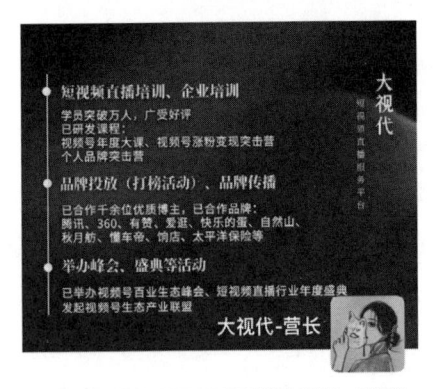

图 3-1

5. 朋友圈内容

- 内容组合：朋友圈中 80% 的内容用于展现个人能力及推广产品，朋友圈中 20% 的内容用于推送生活日常，展现个人特质。
- 推送节奏：每日 3～8 条。根据微信人群刷朋友圈的习惯确定推送节奏，早上 10 点左右，晚上 8 点左右都是刷朋友圈的高峰期。在此时段可增加推送频次。

朋友圈内容具体可涵盖以下几个方面。

- 干货知识：体现专业度，给用户提供价值，如图 3-2 所示。

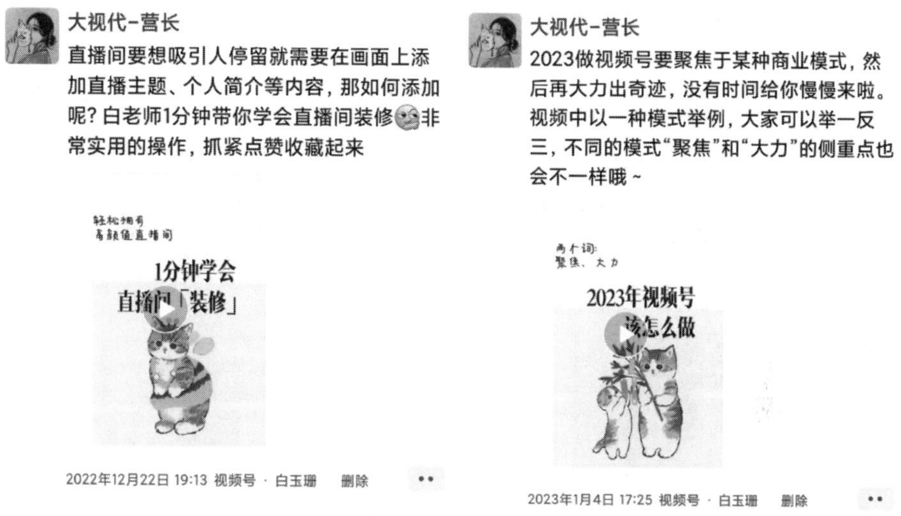

图 3-2

- 分享观点及日常：体现价值观和理念，吸引同频用户，如图 3-3 所示。

图 3-3

- 送福利活动：如送优惠券活动、试吃活动、红包活动等，提升朋友圈的活跃度，如图3-4所示。

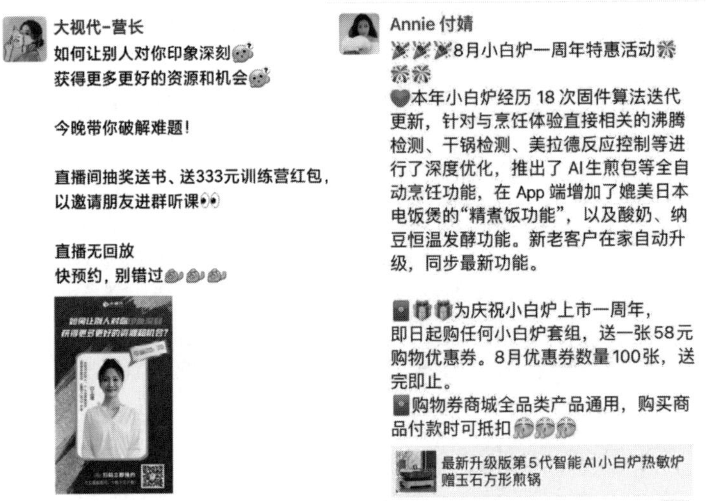

图3-4

- 客户评价：通过客户评价来为自己的产品或服务做宣传时会更具说服力，其他用户也更有代入感，如图3-5所示。

图3-5

第3章 精细运营

- 成果展示：个人或品牌的阶段性成果可展示在朋友圈，以增进用户对我们的了解和信任，如图 3-6 所示。

图 3-6

实战练习 10

请完成微信五要素的规划。

五要素	具体内容
微信昵称	
微信头像	
个性签名	
朋友圈封面	
朋友圈内容（推送节奏及内容组合）	

3.1.2 通过私聊增加用户黏性

对用户要做到可感知、可识别、可触达、可营销、可服务。其中,前3项可以通过运营阶段的私聊完成。

- 可感知:在用户添加我们的微信后,要及时回复用户(企业微信可设置为自动回复,个人微信可手动回复)。回复的内容可以采用这样的结构:简单介绍品牌/产品+说明自己能提供什么价值+用户信息收集(如果通过数字化工具建立了会员机制,则可直接为用户发送会员注册链接)。例如:您来啦!×××是专门针对敏感肌的知名护肤品牌,请单击下方链接,填写您的专属档案。作为您的美肤顾问,我会定期为您提供护肤指导和宠粉福利哦!
- 可识别:如果用户注册了会员或者填写了相关信息,那么我们可通过微信的标签功能对用户进行分组,如图3-7所示。

图 3-7

- 可触达:在可识别的基础上可以实现精准触达。例如,通过私聊的方式为用户推送福利、优质内容、活动等信息。但不建议推送太频繁,每周最多1~2次,以通知重大活动为主。同时,如果用户有诉求,则需要积极响应。

3.2 社群运营

之前介绍过"做私域一定要有社群"是一个误区，但如果能够运用好社群这个工具，实现精准触达，则会对增加用户黏性产生很大帮助。

3.2.1 私域社群的搭建方法

社群的划分有很多种维度。例如，根据用户层级进行划分，根据用户画像进行划分，根据用户需求进行划分……

本节主要按用户层级和功能将社群划分为 5 类：粉丝/普通客户群、关键客户群、分销员群、临时活动群及周期性交付群，大家可以参考并视自己的情况进行调整。

1. 粉丝/普通客户群

粉丝/普通客户群，即黏性较弱的用户所在的群。例如，给粉丝及只买过引流品的客户建一个群。建群的目的是增强信任，最终产生购买行为。

这些用户对品牌的认知度不高，所以我们不能过于频繁地推送产品。在运营阶段，对于粉丝/普通客户群可执行的动作是通过推送有价值的内容让用户对我们产生好感。

例如，牛奶品牌新希望白帝摸索出了一套内容运营方法。

步骤❶　新希望白帝打造了一个名为"黑小优"的鲜推官形象，并为"黑小优"鲜推官配置统一的头像、名称、专属表情包、话术，为其打造"专业营养师"人设，使其作为和用户交流的窗口。在每一个"黑小优"鲜推官的背后，都是一个真实的人，其负责与用户交流，实时收集用户的需求，并且将需求反馈至相关部门进行整改及进度追踪。

步骤❷　设置社群运营 SOP，"黑小优"鲜推官会分享牛奶知识、亲子育儿知识、天气提醒小贴士等内容。若用户对产品或服务提出疑问，则新希望白帝对回复的要求十分严苛——秒回。

通过这套内容运营方法，新希望白帝拉近了与用户的距离，提升了用户对产品的信任度。

2. 关键客户群

关键客户群，即忠诚度较高的客户所在的群。例如，为消费总金额较高，或者会员等级较高（有会员积分机制）的客户建立一个群。

建立关键客户群的目的是提高复购率、将客户发展为分销员。

在运营阶段，对这类群的运营目标是加强情感连接。这个情感连接不仅是客户和品牌之间的连接，还是客户和客户之间的连接。当客户和客户之间有了连接时，他们对社群的归属感就会更强，对品牌也会产生更深的认知和信任。

在社群里，客户可以通过自我介绍、分享产品试用心得等方式来彼此了解。如果有条件，社群还可以组织同城的线下活动。

例如，新希望白帝在关键客户群中会举办"周三鲜奶日"的抢券活动，以及"早餐7天打卡"活动，鼓励客户分享自己的喝奶日常，分享自己的订单，如图3-8所示。

除了线上社群的互动，新希望白帝还有定期的线下体验交流活动。例如，在每月举办的"鲜宝生日会"上，新希望白帝会邀请家长和孩子们来工厂参观牛奶的生产过程。

3. 分销员群

分销员群，即代理、经销商、城市合伙人等销售产品的人所在的群（每个品牌的模式会有差异，分销员的称呼也不一样）。

给分销员建群的目的是激励并帮助他们成为更高等级的分销员。所以，要通过社群做好培训工作，

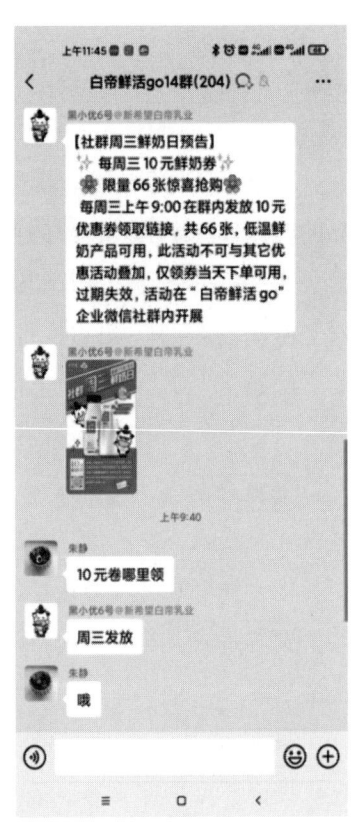

图 3-8

包括产品培训、销售培训、案例分享等。尤其是成功案例的分享，能够比较好地调动分销员的积极性。这部分内容将在 4.6 节中详细讲解。

4. 临时活动群

临时活动群，顾名思义，就是建立周期非常短的群。

建立临时活动群的目的是快速激活用户。例如，我们要举办一个周年庆活动，为了让更多的人参与到这个活动中来，可为这次活动临时建群。

> **注意**
>
> 需要注意的是，在达到目的后临时活动群要尽快解散，不然这种群迟早会成为广告群，会降低用户对品牌的好感度。

5. 周期性交付群

周期性交付群和上面所有群的性质都不一样，这个群本身就是产品的一部分，常见于知识付费领域。例如，一个读书分享群的售价为 299 元，服务周期是一年。

从私域运营的角度看，若想增加黏性，则需要在原本应该提供的服务之外制造惊喜。例如，原本社群应该提供的服务是每周领读一本好书，这个服务做得很到位，符合客户的预期。与此同时，该社群还提供了"惊喜"：请到了一些书籍的作者来答疑解惑。这种"惊喜"，一方面会产生口碑并加速传播，另一方面会增加复购率。

3.2.2 做社群要通人性

问：你自己做过社群吗？在运营过程中遇到了哪些问题？

答：我自己做过社群，遇到的最大问题是在社群里发什么都没人理。

问：平时都在社群里发些什么呢？

答：卖货。

以上是我把问题抛给做私域的小伙伴后，很多人给我的回答。

这里要强调一下，通过私域实现业绩增长不是一蹴而就的。运营的目的是增加信任感，为成交做铺垫。我们来想象一个场景：商家通过引流号发布了一个视频，分享了一道菜的做法，视频里有引导大家进入社群的内容。这时进群的人都是对烹饪感兴趣的。如果商家一上来就宣传自己的厨具产品，不排除会有一小部分人愿意去了解产品，但会引起更多人的反感。社群在这个阶段的作用是让大家对社群产生黏性，对品牌产生信任感，从而在商家推送产品、发起促销活动时，一方面，由于社群的黏性强，大家看到这条消息的概率更高；另一方面，用户对品牌已经有了一定的认知，转化率更高。

那么，在运营阶段，应该在社群里做些什么呢？不管做什么，都要通人性，即只有符合人性需求的事情，才会有更多人参与。

1. 分享欲

每个人或多或少都会有分享欲，我们该如何利用人性中的这一特点去运营社群呢？

例如，设计一个周末分享活动，即每个周末都邀请几位用户在群里分享自己的经验（优先邀请那些在群里相对活跃的人）。

步骤❶ 通过朋友圈或视频号等渠道了解用户擅长什么，或者喜欢"晒"什么。例如，有人特别喜欢晒娃，那么这个人大概率拥有较多的育儿经验。

步骤❷ 发出邀请。例如，"最近我们的社群有育儿主题的分享活动，看到您育儿经验丰富，想邀请您给大家做一个分享，以便帮助社群里的新手妈妈，您可以抽出半小时在社群里简单聊一聊吗？"

步骤❸ 分享时一定要安排人互动，不然，分享者的感受会很差，就没办法达到我们想要的效果了。

步骤❹ 分享后，为分享者颁发电子版的荣誉证书或感谢海报（一定要制作精美），方便分享者转发朋友圈。

这样几步下来，这位分享者与社群的黏性就增强了，一方面，分享者投入了自己的时间、精力，分享了自己的经验，还获得了很多人的赞誉和认可；另一方面，其他群友，也获得了有价值的内容。

总之，大家可以结合自己的行业特点及社群特性去设计相应的分享活动。

2. 便利性

绝大部分的发明都是为了满足人类对便利性的需求——懒得推磨，发明了风车；懒得走路，发明了汽车；懒得做家务，发明了各种智能家居……所以，如果能帮大家"偷懒"并获得一定的便利，那么我们的社群就有价值。

例如，化妆品商家可以在社群里给大家分享"三分钟打造简易版妆容"的教学视频。对于懒得化妆但又想变美的小姐姐来说，这样的内容就很有吸引力。

如果我们并不满足于只给大家推送优质的学习内容，还想让大家互动起来，例如，想让参与学习的人把自己化妆的过程做成视频并分享出来（采用奖品激励），那么除非奖品非常诱人，否则这个活动的效果会非常惨淡。

原因是我们的内容吸引到的本就是想要节省时间的人，如果让这样的人去做一些浪费时间的事情，那就与其初衷背道而驰了。

3. 惊喜感

没有人会拒绝意外的惊喜。在用户对品牌还没有很深的认识和建立好感之前，不建议大家直接在社群里卖货，但可以通过有奖投稿、抽奖活动等形式送出产品，也就是给用户送上一份惊喜，之后让领到产品的用户在群里分享使用体验。这样做一方面会让用户觉得这个群会时不时发福利，值得关注；另一方面，用户分享的使用体验也能增加其他群友对产品的了解和信任。

4. 爱美心

每个人都有爱美之心。那么，在社群运营过程中该如何利用这一点呢？常见的运营方法是在用户进群后先发一张自己的靓照（照片相对于文字介绍更容易调动社群里的氛围，也会让群友之间的关系更融洽）。除此之外，还可以把这种方法叠加在各种活动运营中。例如，鼓励用户拍摄产品的使用场景，投票选出最美照片并送上奖品。

5. 趣味性

小时候，我们经常玩剪刀石头布的游戏；长大后，我们也会时不时地和朋友"打个赌"……为什么会这样呢？因为，这些小游戏会增加生活的趣味性。在社群运营中也可以设计一些这样的小游戏。

例如，在品牌成立三周年之际，可在社群里设计个小游戏：每人都可以扔一次骰子，凡是扔出3的，就可以得到一个盲盒礼包。

这个小游戏的设计，不仅具备趣味性，还有惊喜感（没有任何成本就可能得到礼品），并且很便利（只需要发个骰子的表情包就可以参与活动）。

> **注意**
>
> 总结一下，在做社群运营时，如果想让社群更有吸引力，就要满足人性的五大需求——分享欲、便利性、惊喜感、爱美心、趣味性。

3.2.3　有效管理社群

前面两节已经向大家介绍了社群的分类及内容，这一节我们来讲讲怎样管理社群。好的社群规则是被精心设计出来的。那么如何设计呢？

1. 明确使命

将许多个体放到一个"框框"里，就形成了一个群体，但这些个体在拥有共同的目标后才能形成一个真正的组织，也就是我们想要的社群。大家愿意待在这个社群里甚至有很高的参与度，不是为了看品牌广告的，也不是为了随意聊天的，而是为了在一起"改变些什么""提高些什么""获得些什么"。例如，护肤品品牌的粉丝群使命可以是"让自己年轻5岁"。

2. 挖掘铁粉

二八法则的适用范围很广，社群运营同样也遵循这个法则——通过运营 20% 的核心用户来影响 80% 的普通用户。在社群运营中最忌讳"一个人撑起一片天"，社群里有这么多用户，仅靠一个人运营，效率明显太低了。

一个社群里总有几个异常活跃的人。这时可挖掘他们的潜力，与他们进行沟通，让他们认同社群理念和发展模式，培养他们成为社群中的 KOL（关键意见领袖）。在运营好这些核心用户后，让核心用户引领普通用户成为核心用户，通过这种良性循环，打造一个成熟的社群运营机制。

> **注意**
>
> 朱元璋打天下时，身边的徐达和常遇春等人都是农民出身，最后帮他夺得天下的不是后来的千军万马，正是这几个曾经出身穷苦的农民。为什么呢？这些人，从产品运营的角度看，那就是核心用户。对于核心用户，我们需要给予他们特殊的地位，无论是群管理员还是职能性角色，使他们和我们成为利益共同体，从而共同迭代社群产品，不遗余力地共同将社群壮大。

3. 设计仪式

仪式是生活这篇乐章中的符点。社群仪式是对一个社群中核心目标的不断强调和固化，也是社群运营中一个极其重要的技巧。

试想一下，如果一个社群从不举办仪式化的活动，社群中的人员也不太发言，那么这个社群就会像"僵尸群"一样，慢慢地休眠，越来越多的人会选择退群；同理，如果一个社群中总有成员疯狂"灌水"，每日闲聊，则大家得到的有效信息很少，被打扰的次数很多，这样的社群尽管热闹，但实际上也会引发很多人的反感，并且背离了社群的创建初衷。

举办仪式化活动能使社群成员明白为什么要加入这个社群、自己的使命是什么、社群的激励机制是什么，以及如何完成社群的共同目标。

无论是线上任务（如每天 8 点读书打卡），还是线下协同（如每周开展一次读书会），都能使社群更具凝聚力、更有效率、更有内容，提高社群成员的积极性。

当然，在社群中聊天也是有意义的，会让大家了解到社群里其他成员的特征，知道哪些人可以信任，便于建立更深层的关系。只不过，纯粹的聊天无法令大家团结一致，也就无法完成社群使命。

4. 驱逐劣币

在一个社群刚起步时，人数较少，一切都在可控范围内，社群管理相对容易。但随着社群人数的增加，各种违反群规的现象层出不穷，广告、无意义的聊天变得越来越多。这时，社群中的一些老成员会逐渐察觉到人数递增带来的不良影响，开始滋生反感的情绪，主动选择"出走"。

因此，在把控社群人数增加和用户管理的尺度上，运营人员往往面临两难的抉择。社群成员的离开，源于劣币驱逐良币。对此，只能将劣币请出社群。

5. 建立激励机制

建立激励机制，能够提升用户的主观能动性，增加社群的内容产出，使社群能够不断为用户创造价值，健康有序地发展。

例如，群策群力，将原本由运营人员承担的定期寻找分享嘉宾的工作，通过激励机制转交给有嘉宾资源的用户来完成。相对而言，这种寻找分享嘉宾的方式，成本低、效率高。此外，还可以鼓励用户分享优质内容。

最开始的社群内容运营以 PGC（专业生产内容）为主，由社群运营人员负责内容的高效产出，用于维持内容的深度，以及引导用户主动进行内容产出；中后期的社群内容运营以 UGC（用户生产内容）为主，用于维持内容的广度，贡献社群流量和提高参与度，培养用户习惯。

激励方法可以是提供免费的学习资源或赠品等。

实战练习 11

请写出你对不同层级用户群采用的运营方法。例如，关键客户群的内容为每周组织一次短、平、快的知识分享及直播连麦活动；使命及规则为学习更多的知识、连接更多的朋友，多次参加社群活动的用户可以成为组长，以获得更多资源。

社群类别	内容	使命及规则
粉丝 / 普通客户群		
关键客户群		
分销员群		
临时活动群		
周期性交付群		

3.3　视频号运营

在引流阶段，我们也用到了视频号。那时，它的作用是获得更多的公域流量，并把这些流量沉淀到私域。而现阶段视频号的作用是让用户更了解我们，对我们产生信任感，更好地促进成交及复购。

3.3.1　通过短视频增强信任感

一些在朋友圈、社群中展现过的案例、干货及成绩等，都可以通过视频再现。工具不一样，展现的效果也会不同：朋友圈里的展现更多采用的是"图片＋文字"形式，而通过短视频进行的展现，更具体、更全面。

例如，公司做出了哪些成绩，日常可以发朋友圈展现一下，同时也可以将阶段性的成果做成短视频合集。一个短视频哪怕只有一分钟，它所承载的内容量都不是一张图片能够呈现出来的，并且，在发布视频的时候，还可以添加公众号文章等扩展链接（见图3-9），这样的延伸内容和互动形式会更加有效。

图 3-9

所以，短视频账号里不能全是以引流为目的的作品，还要有一些用于展现品牌实力的作品，或者以互动、发福利为主，用于增加用户黏性的作品。

陌生用户可能会对这类短视频无感，但对于已经与品牌有所接触的用户，能够加深其对品牌的了解及增加互动的可能性。

至于短视频的发布频率，就要看现阶段是以引流为主，还是以运营和转化为主（已经积累了大量的私域用户）。如果以引流为主，那么一周发布 1～2 个面向私域用户的短视频即可；如果以运营和转化为主，那么最好每天都能发布 1 个短视频。

3.3.2 通过直播拉近距离

除了短视频，还可以通过直播的方式与用户互动，甚至以连麦的方式来建立信任。直播具有实时性、互动性的特点，通过与用户交流能够实时解答他们的问题，这比短视频等形式更容易拉近彼此间的距离。并且，视频号还有私密直播功能，即只面向某一类用户提供有针对性的直播。

当然，运营阶段的直播，不用像引流阶段的直播那样频繁地引导用户添加微信，这类直播应该将重点放在提高品牌的认知度和增强用户对品牌的信任感上。

这类直播的内容是什么呢？不是为了让用户更好地了解我们就全程介绍自己或者产品（成交阶段的直播可以这么做），而是在直播里给用户传递一些有价值的内容，

"软"植入我们的价值观、产品特点等。

例如，介绍职场技巧的导师，在建立个人 IP 型私域时，可在直播间就学员案例进行说明，如学员遇到了哪些问题，导师是如何帮他调整、优化的。其实，植入案例就是告诉用户我们能提供哪些产品和服务；化妆品品牌在建立品牌型私域时，可以用自家的产品为用户介绍一些化妆技巧，使得用户既学到了化妆方法，又"种草"了产品。

在借助视频号直播时，还可以通过连麦的方式和用户建立更多的连接。当邀请关键客户或分销员等 KOC 作为直播间的嘉宾时，需要在宣发物料上加上嘉宾的照片、名字等信息，以便嘉宾为品牌代言。

> **注意**
>
> 直播连麦的操作很简单，主播（正在进行视频号直播的人）只要在直播开始前，打开连麦功能即可，如图 3-10 所示。主播可通过搜索账号名称连入嘉宾；而观众可在直播间下方单击"连麦"按钮申请连入。

图 3-10

实战练习 12

请制定用于增加信任感的短视频及直播计划。

类别	内容方向	发布频率
短视频		
直播		

3.4 会员运营

对于客户体量较大的商家，一定要借助数字化的手段来进行客户运营，也就是建立会员体系。

会员体系包含不同的类型，如积分会员、付费会员、公益会员、联合会员、社群会员、订阅会员……其中，最常见的是积分会员。本节将基于积分会员进行介绍。

从节省成本的角度看，搭建会员体系不用自己开发软件，只要借助有赞等 SaaS 工具即可，这些工具功能丰富且可直接生成微信小程序或关联微信公众号，用户在微信上就能便捷使用。通过有赞平台搭建商城并植入会员体系的示例如图 3-11 所示。

3.4.1 会员机制设计

运用会员机制的整体思路是会员通过消费及互动来获取积分升级，从而获取不同的权益，如图 3-12 所示。

图 3-11

图 3-12

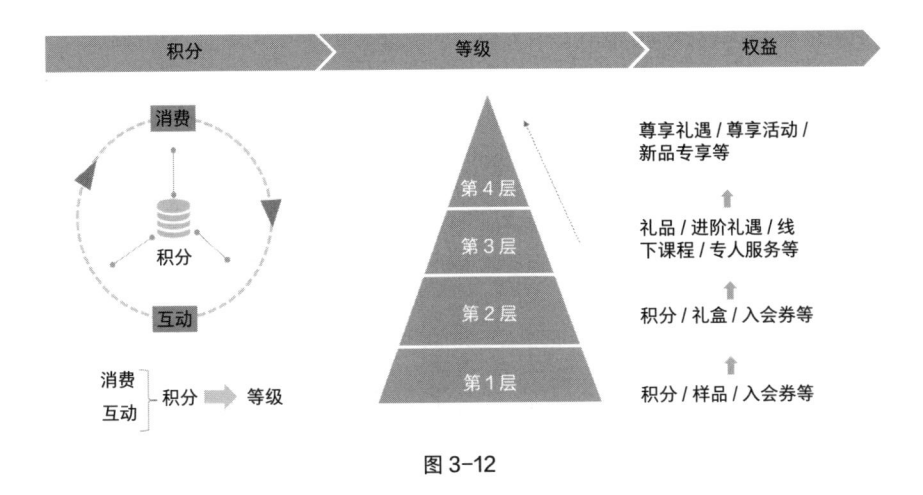

1. 会员积分设计

如果能将积分用好,则积分是增加用户黏性和用户活跃度的好途径。

(1)消费获得积分的规则。

消费获得积分的规则如图 3-13 所示。例如:

- 积分日常累积:每成功交易 × 笔,送 × 积分;每成功交易 × 元,送 × 积分。
- 积分活动营销:生日/节日积分翻倍、新品积分翻倍。
- 不同的会员等级对应不同的消费积分倍率。

(2)互动获得积分的规则。

互动获得积分的规则如图 3-14 所示。例如:

- 注册会员(全渠道)。
- 社交媒体互动:关注微信、视频号、微博、小红书等。

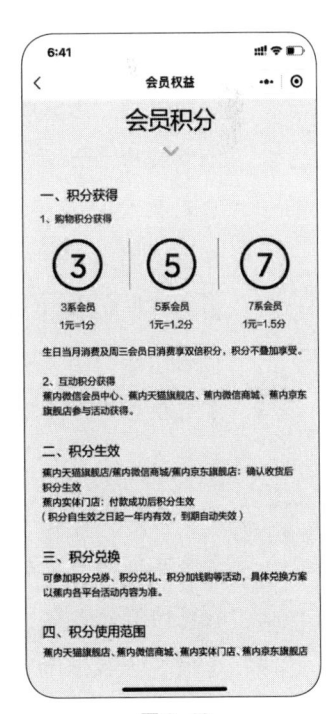

图 3-13

- 互动营销活动：幸运大抽奖、刮刮卡、每日签到。
- 评论互动、参与调研、反馈产品问题。
- 游戏互动、生日分享、推荐朋友。

（3）积分核销规则。

积分核销不但可以帮助品牌持续减少积分池中的积分，还有助于会员了解积分、认可积分价值，并形成积分当钱花的习惯。那么，如何培养顾客积分当钱花的消费习惯呢？

- 打造固定的积分消费场所——积分商城。老佛爷百货的积分动销率在90%以上，自2021年以来该品牌积累的积分有数十亿，其中，长期积分核销占累计积分核销的50%，如图3-15所示。
- 打造会员固定节点营销活动。例如，在固定节日、会员日/周/月，不仅可培养会员积分当钱花的消费习惯，还能加速核销会员积分。某新锐服装潮牌在会员活动日，以某购物中心门店为试点，启动用积分兑换礼品券、引流回店的活动，仅在积分兑换首日，销售业绩提升3倍，连带率由2.5提升到3.9，客单价提升50%。除旗舰店外，试点门店的单日业绩为全国门店的冠军。
- 采用积分定期清零机制。品牌可以利用会员"厌恶损失"的心态，在年度积分到期前，策划年度积分清零活动，以便促进会员核销积分，不但能带来丰富的消费转化，还能再次强化会员积分当钱花的消费心智。
- 店铺多方位入口呈现。引导会员快速定位兴趣产品，加速决策。例如，公众号菜单/自动回复、

图3-14

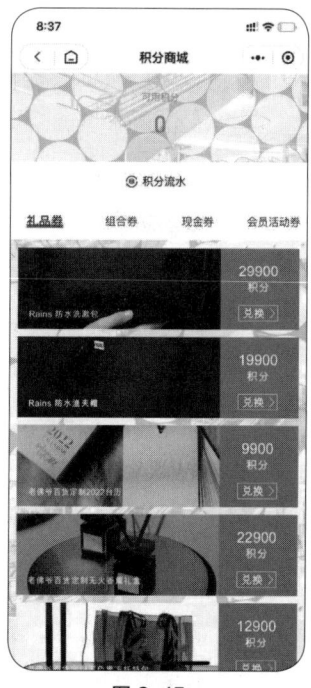

图3-15

弹窗广告、店铺首页 banner、店铺首页会员专区、小程序导航、个人中心等，如图 3-16 所示。

- 品牌间开展异业合作。联名卡能够有效提高会员基数、积分兑换动销率。例如，雅培与好孩子推出联名卡：① 活动设置方案：结合周年庆、双 11、年中大促等时间节点，打造联名卡，时间一般为 5～7 天，也可根据实际情况进行调整；② 会员设置：选择付费会员进行联名合作，通过会员的相互导出 / 导入方式实现权益发放；③ 推广重点：通过选择付费会员，能够更精准地定位到具备购买力的核心用户，充分利用营销活动本身的热度，在社群内进行推送，传达 VIP 用户的多权益服务体验，商家则可获得高质量的会员共享和叠加；④ 会员权益发放：按日导出付费会员数据，导入联名店铺并为用户打标签，针对导入用户发放会员身份，会员权益将在 24 小时内发放至个人中心。

图 3-16

2. 会员等级设计

会员等级影响运营效果的核心原因在于等级门槛的设定（用户行为分析）和各等级的权益感（丰富度和价值感）。

- 会员等级要设计得简单、直观，用户一眼就能看懂，如图3-17所示。例如，会员等级可以设置为3～5级，每一级的会员名称视品牌特点及调性而定。
- 注册即成为普通会员，不建议给会员设置过高的门槛。可通过积分/优惠券引导潜在客户进行首单转化，之后不断提升会员等级。

3. 会员权益设计

- 优化会员权益设计，奖励忠诚客户。会员权益设计示例如图3-18所示。

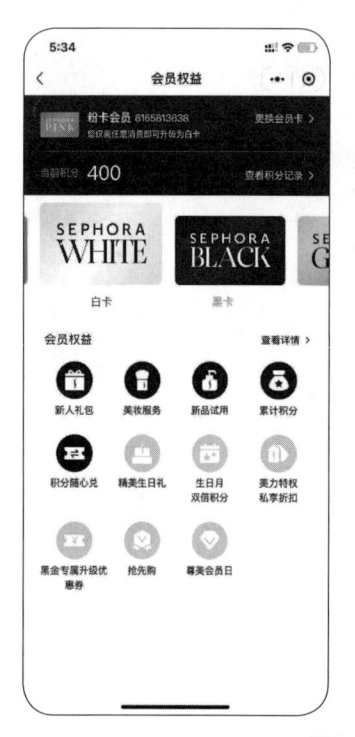

图 3-17

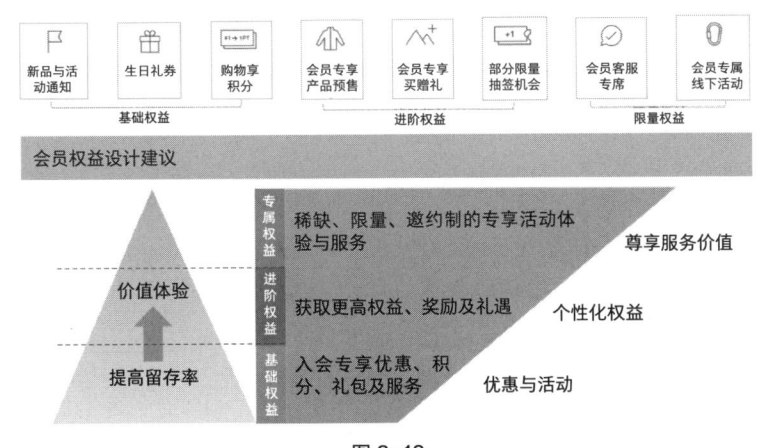

图 3-18

- 会员权益在设计时要充分考虑到不同等级会员的心理及对品牌的诉求。基础权益以优惠券、积分、折扣等为主，如图 3-19 所示；升级增值服务与体验的进阶权益要与品牌产品的使用场景强相关，如图 3-20 所示；超出期待的服务，即限量权益要与其他品牌区分开，一次体验服务可锁定终身忠诚度，如图 3-21 所示。

图 3-19 　　　　图 3-20 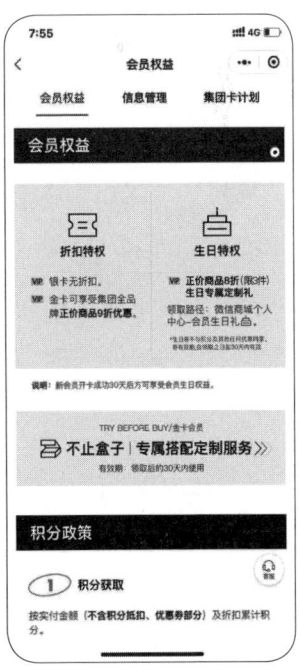　　　　图 3-21

3.4.2 会员精准触达

运用数字化的工具，我们能掌握丰富的会员标签，包括自然属性、社会属性、人群偏好、位置信息、信用信息、消费习惯等。

只有标签越清晰，会员画像越精准，更多的人物特征及细节才能得以展现，从而确定具体的运营方式。个性化的会员沟通服务，可提升会员的体验感、参与度及忠诚度。

例如，在策划一场以星座为主题的活动时，可以通过掌握的用户生日信息来做精准触达，即通过朋友圈、社群、视频、直播等全渠道来多场景触达用户，如图 3-22 所示。

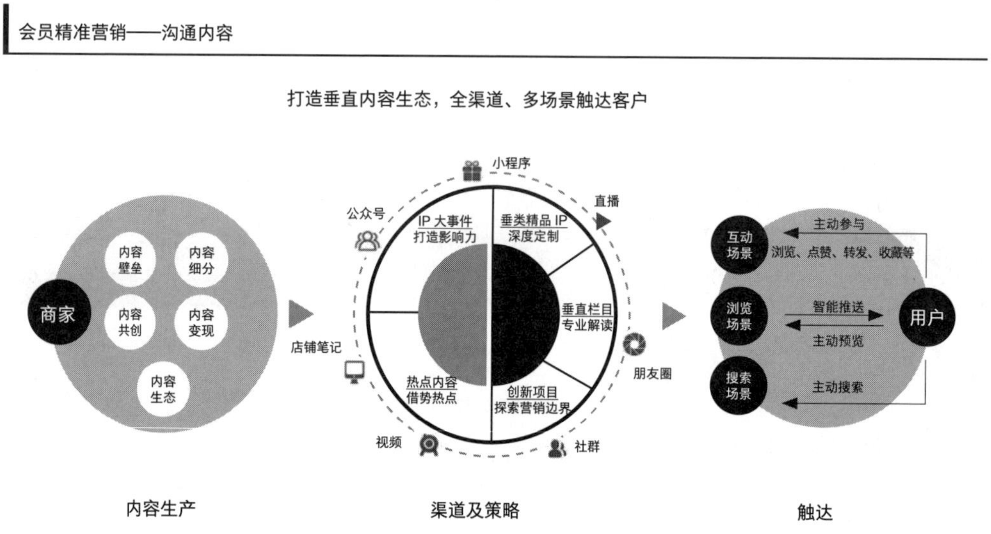

会员精准营销——沟通内容

打造垂直内容生态，全渠道、多场景触达客户

图 3-22

具体的沟通内容可以如下两个维度为基础进行设计。

- 会员生命周期：对处于不同会员生命周期的会员给出不同的沟通内容，如图 3-23 所示。从图 3-23 中的两条曲线可以看出，做了会员生命周期运营管理的客户留存率及整体价值更高。

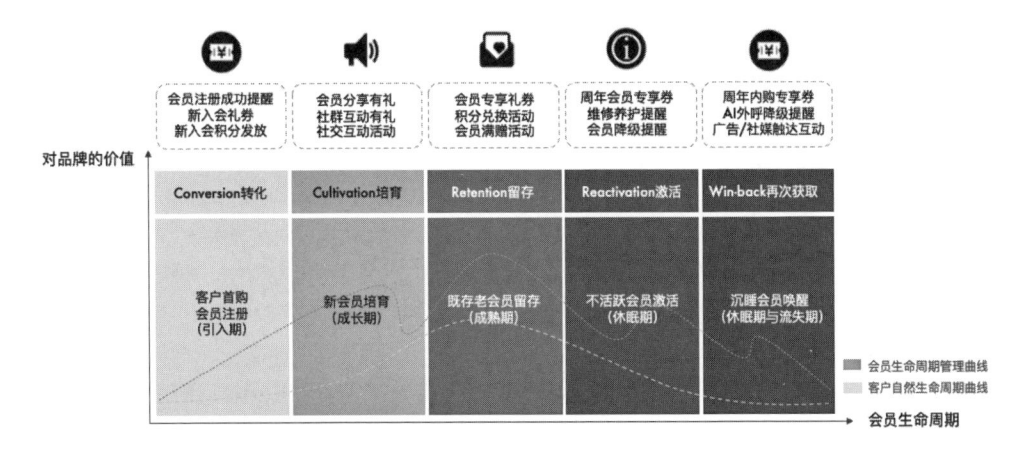

图 3-23

- 事件营销：针对不同的会员分组，在不同的营销活动节点，推送不同的营销活动及内容，如图 3-24 所示。

图 3-24

3.4.3 会员洞察

借助数字化工具，可将会员分析得更为细致。例如，可通过 RFM 模型进行会员洞察，在了解会员的基础上采取一系列的运营举措。

RFM 模型是应用最广泛的客户价值分析工具，即最近一次交易（Recency）距离当前的天数、交易频率（Frequency）、交易金额（Monetary）的简写。通过 RFM 模型进行分析的示例如图 3-25 所示。其中，对于某个客户，如果其 R 值高于群体平均值，则该客户属于 R↑，反之属于 R↓；如果其 F 值高于群体平均值，则该客户属于 F↑，反之属于 F↓；如果其 M 值高于群体平均值，则该客户属于 M↑，反之属于 M↓。

客户类型	最近一次交易距离当前的天数 R（黏性）	交易频率 F（忠诚度）	交易金额 M（收入）	对应策略
重要价值客户	↑	↑	↑	R、F、M 值都很大，属于优质客户，需要保持
重要唤回客户	↓	↑	↑	F 值和 M 值大，但最近无交易，需要唤回
重要深耕客户	↑	↓	↑	M 值大，贡献度高，且最近有交易，需要重点识别
重要挽留客户	↓	↓	↑	M 值大，属于潜在的有价值客户，需要挽留
潜力客户	↑	↑	↓	F 值大，且最近有交易，需要挖掘
新客户	↑	↓	↓	最近有交易，属于刚接触的新客户，有推广价值
一般维持客户	↓	↑	↓	F 值大，但贡献不大，可一般维持
流失客户	↓	↓	↓	R、F、M 值均低于群体平均值，最近也没有再交易，属于流失客户

图 3-25

3.4.4 会员运营案例

金吉烘焙通过会员运营把生意由"到店"扩展到"到家"，从"线下"延伸至"线上"。在这一过程中，其主要采取了以下措施。

- 对于搬到线上的实体卡会员，进行身份识别等处理，并提供成熟且灵活的积分、等级、权益功能，让针对用户的服务更加精准。
- 通过客户画像、生日营销等方式，将私域用户精准划分为具有不同标签的群体，并根据特性分层运营。
- 对于公众号的运营，在每期头条推送里设置互动话题，从留言中抽选用户并送出福利（赠送小糕点或小额优惠券），不仅提高了用户复购率及购买其他产品的概率，还培养了用户的浏览、互动习惯，公众号再也不是一个无用的"小红点"，而是能带来流量的高效工具。
- 通过划分会员等级推出不同的折扣福利，并设立会员成长规则和任务，激励用户进行消费。
- 将会员体系与营销活动有机结合，店铺内的储值折扣、优惠券等活动都可以和会员权益叠加使用，相当于加入会员即可享受三重优惠。除此之外，金吉烘焙还将每月的 13 日、28 日设定为会员日，每个会员日都会推出相应的优惠活动。

实战练习 13

请填写下表。

项目	具体内容
会员积分设计（包括通过消费获得积分的规则、通过互动获得积分的规则、积分核销规则）	
会员等级设计（说明分为几级及升级规则）	
会员权益设计（说明不同等级会员的权益）	
会员精准触达（从会员生命周期和事件营销两个维度进行，制定对不同用户及在不同营销节点与用户沟通的内容）	

第4章

高效成交

4.1 营销素材

经过前 3 章的介绍，我们已在微信中沉淀了大量的用户，并和他们建立了信任关系。本节将带领大家学习私域营销文案，也就是在朋友圈、社群等渠道用海报、视频、文章等素材引导用户购买产品时如何设计内容。

4.1.1 营销素材的三要素

不管采用何种形式的营销，选取的素材都要包括如下三要素。

- 描述产品卖点，即解决"用户为什么要买这个产品，并且为什么要找我们买"这一问题。
- 阐述立刻购买的理由：目前，用户已经知道了要买产品，也知道了要找我们买产品，但如果用户现在不下单，则很可能会被其他事情转移注意力，最后便不买了。所以，一定要给出一个现在就买的理由。
- 提供购买途径，即告诉用户如何了解产品详情、如何下单、有问题时找谁咨询等。

4.1.2 描述产品卖点

营销素材可分为短素材和长素材：短素材有海报、短视频等；长素材有公众号文章、长视频、产品详情页等。

1. 短素材

在短素材里不能展示太多信息，要突出重点，那么该如何通过提炼核心卖点来吸引精准受众呢？

步骤❶ 列出所有卖点。例如，高端厨具产品的卖点可能是方便、好清洗、省电、智能、外形高端大气、选用材料高级等。

步骤❷ 按照潜在客户的关注程度进行优先级排序。例如，相对于市面上的其他产品而言，我们的产品价格较高，潜在客户是对生活品质有追求、有一定消费能力的人。此时在进行优势排序时，要考虑到潜在客户的关注点：若客户非常重视产品的材料、设计等，则把这些能够体现生活品位的卖点排在前面，把常见的省电、方便等卖点排在后面。

步骤❸ 重点描述排在前面的几个卖点，并且尽量使用精简的句子。怎样把卖点浓缩成一句话呢？给大家几个公式，可直接套用。

- 公式一：卖点 + 好处。例如，"取材天然，宝宝都可以放心用的产品"。"取材天然"是它的卖点，强调产品的材质；好处是"宝宝都可以用"，强调让人安心。
- 公式二：标签 + 结果。这个标签既可以是人群标签，也可以是行为标签，还可以是场景标签。例如，"宠物党的福音——家门口的宠物医院"。前半句强调了人群标签——养宠物的人；后半句给出了一个结果，即宠物在家门口就能享受到完善的医疗服务。
- 公式三：痛点 + 方案。先指出用户可能存在的困境，再给出解决的方法。例如，"晚上总是难以入眠？来试试这套5分钟睡眠法"。失眠是痛点，5分钟睡眠法是解决方案。
- 公式四：数字 + 效果。例如，"每天5分钟带你拥有天鹅颈"。需要强调的是，前面这个数字需要体现低门槛。若想练成"天鹅颈"，则需要每天练习5分钟且坚持1年，但如果我们把文案改成"365天，带你拥有天鹅颈"，就不能达到很好的营销效果了，因为365天这个高门槛会吓退很多人。

2. 长素材

建议长素材的内容由4部分构成：困境故事；解决方案；给出承诺；证明能力。

- 困境故事。王女士一直被失眠所困扰，这给她的工作、生活带来了很多麻烦（这个困境故事会让那些有同样遭遇的人产生共鸣，并且困境故事也比其他形式的表述更加吸引人）。
- 解决方案。后来，王女士通过使用一款智能助眠产品，提高了她的入睡效率和睡眠质量。有了好的睡眠，王女士的精神状态、工作状态都得到了大幅度提升。
- 给出承诺。一个月内可无理由退款。
- 证明能力（说明为什么这款产品可以做到这一点）。产品里面运用了××技术，原理是××，获得了××奖项，研发团队非常强大。

4.1.3 阐述立刻购买的理由

如何让用户立刻购买呢？只需要让他知道，如果不在此刻购买，之后再买就会有损失，也就是提供限时或限量福利。虽然各种营销形式的本质相同，但营销形式也有效果好坏之分。下面讲解几个好用的营销形式。

1. 满减

一提到限时或限量福利，很多人最先想到的是打折。例如，平日33元一盒的坚果，今日活动价为16.5元，直接打5折！虽然这个活动很吸引人，但消费者大概率只会贡献16.5元的销售额。若改成满减，如满99元减49元，虽然在消费者的眼中同样是打5折，但会选择3个产品，也就是凑到99元。此时客单价一下子翻了3倍。

当然，满减活动还可以设计得有创意一些。例如，网易严选做过一次活动，采用了"四舍五不入"的满减方式。什么意思呢？如果客户下单的产品共计1400元，则网易严选会把400元舍掉，客户支付1000元即可；如果客户下单的产品共计1500元，则客户按产品实际金额付费。这样算下来，产品最多打了六七折，但如果直接设计成打折，则很难提高客单价；如果直接设计成满多少元减多少元，则又缺少了趣味性和吸引力。

2. 捆绑

捆绑，即将两个或多个产品组合在一起销售。两种效果较好的捆绑形式为赠品、超值加购。

（1）赠品。

赠品的选择是有讲究的：首先，赠品的受众和主打产品的受众要一致，否则赠品缺乏吸引力；其次，赠品需要成本低、标价高（赠品的成本越低，整个营销成本就越低；赠品的标价越高，消费者就会认为其性价比高，更愿意通过购买主打产品而获得赠品）。

例如，某鲜花品牌设计的赠品是香水。首先，鲜花和香水的受众一致，并且香水这类产品的标价高，从几十元到几百元不等，符合赠品的选择要求。

除此之外，将视频课程、直播课程、电子资料、社群服务等虚拟产品作为赠品，也很常见。

（2）超值加购。

不知道大家有没有被类似于"1元得×××"这样的文案吸引过，这种情况通常是指在购买某个产品后再加1元即可获得额外产品×××。这就是超值加购，会给消费者带来物超所值的感觉。那么，这类活动应该如何设计呢？

例如，我们的产品是厨房电器，一款烤箱的平日售价为400元，在策划活动时，预计优惠价为300元（依然有利润）。此时既可以按照直接降价的方式去促销，也可以采用效果更好的捆绑营销方式（此种方式是用计划优惠的金额来支付加购产品的成本）。假设计划优惠的金额为100元，一款平日售价为199元的空气炸锅的成本将近110元，那么我们可以这样设计：

- 活动主题：9.9元得价值199元的空气炸锅，仅限今日。
- 具体规则：在购买烤箱（400元，和平日价格一样）后，再加9.9元就可以得到价值199元（平日价格）的空气炸锅。

通过计算可知，这种营销方式与直接降价 100 元的利润相同，但"加 9.9 元得空气炸锅"远比优惠 100 元有噱头，并带动了空气炸锅的销量。

3. 零风险承诺

零风险承诺，即客户购买该产品不用承担任何风险，如果没有达到相应效果则全额退款。

举个例子，消费者在购买化妆品时有个痛点：化妆品不像衣服、电器等可以试用，若不合适则马上退款，而化妆品一旦打开就没办法退款，但不打开又不知道效果。因此，有些商家抓住了这一痛点，为了打消购买顾虑，采用"买正品送试用装"的营销方法，即消费者在收到货后先用试用装，如果不喜欢就把正品退回。并且，商家买了运费险，即便消费者退货，消费者也不用承担运费。

这时商家一边通过短视频、直播间、产品详情页阐述着产品的卖点，一边告诉消费者：现在购买就送试用装、运费险，不喜欢可以直接退货，不用承担任何损失。如果消费者对这类产品有一定的需求，则很难忍住不下单。

有些人会担心：退货率会不会很高？"禀赋效应"可以给出答案：不会！

"禀赋效应"是指当一个人拥有某项物品后，对这项物品的评价会比没有拥有时要高。它跟金融学中的"损失厌恶"理论相近，从人性角度来讲，就是可以不得到这个东西，但是一旦拥有就唯恐失去，也就是损失带来的痛苦大于得到时的愉悦。

因此，除非这个产品质量太差，或者消费者的要求很高，否则退货率不会太高。

综上所述，在营销素材里要给消费者一个现在下单的理由，采用的方式可以是满减、捆绑、零风险承诺。在这几种方式的基础上，大家可以根据不同的场景把活动设计得有趣一些。

4.1.4 提供购买途径

最失败的营销大概就是文案很好、设计有趣，但当消费者想要购买时，不知道在哪里购买，或者需要跳转多个页面才能购买。总之，在购买的路上障碍重重。

所以，提供购买途径是最简单，也是最重要的部分。

在微信生态里，既可以通过小程序购买，也可以通过 H5 页面链接和公众号链接购买，还可以通过微信好友购买。

如果营销素材是海报，则最适合放置购买二维码。小程序和微信都自带二维码，H5 页面链接和公众号链接也可以转换成二维码（通过工具"草料二维码"生成即可），如图 4-1 所示。

如果营销素材是微信视频号的短视频，则可直接放置公众号文章链接和视频号小店的商品链接，如图 4-2 所示；如果是视频号直播，则可以在直播间挂商品，并可以在直播间推送企业微信名片，如图 4-3 所示。

图 4-1

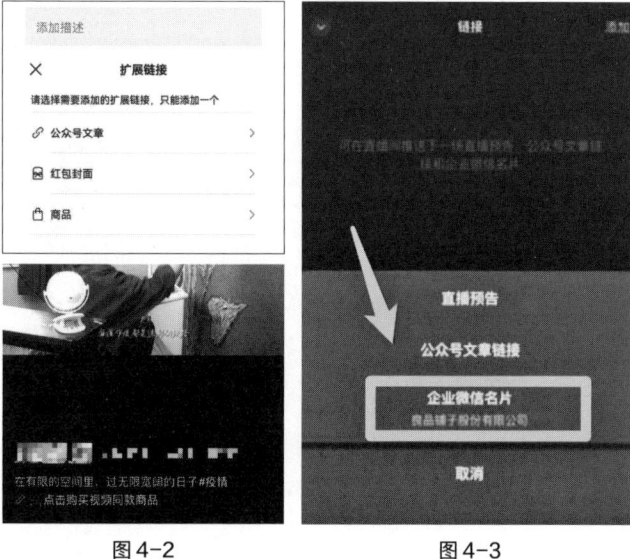

图 4-2

图 4-3

实战练习 14

请撰写一个用于营销的短素材。

描述产品卖点	阐述立刻购买的理由	提供购买途径

4.2 私聊话术

在各个渠道（朋友圈、社群等）把营销素材发出去后，用户产生了购买意向并进行了咨询或私聊。那么，在和用户私聊时应该怎样促成这一单成交呢？完整的私聊话术有如下 4 步。

> **注意**
>
> 不用对所有的用户都执行完整的私聊话术，而是根据用户对这个产品的了解程度及具体需求，选择话术切入。

4.2.1 挖掘真实需求

对于表明了"只想了解一下"的用户，可先从挖掘真实需求找到其兴趣点，再有针对性地介绍。

话术示例："目前您遇到了什么问题吗……我也遇到过和您类似的问题，这个产品很好地帮我解决了。"

我们要给用户一个引导，弄清楚用户为什么想了解这个产品，引导其说出自己的需求，如皮肤暗沉、想要改善皮肤等。这个时候，我们可以跟用户像朋友一样聊天，拉近彼此间的距离。

4.2.2 梳理产品价值

对于明确表示想对产品的某一方面进行详细了解的用户，我们的交流可以直接从这一步开始：梳理产品价值。

话术示例："我们这个产品能够……像您这样特别追求生活品质的人，一定要选择它。"

我们要有针对性地根据用户的需求梳理产品的价值。如果盲目强调一些卖点，而这些卖点不是对方想要的，就会错失这个用户。

例如，线上训练营类的产品经常对外宣传"一对一督促学习，让你告别懒惰"，但有些人不喜欢被督促，希望按照自己的节奏来学习。如果在没有了解用户的需求前，一上来就介绍我们是怎么督促大家学习的，则这样的介绍没有说到对方的心坎儿里。所以，我们一定要先知道对方想要什么，再顺着那个方向寻找与之相符的产品卖点，并强调这些卖点。很多时候并不是卖点越多越好。

> **注意**
>
> 在执行完这一步后，一般有两种情况：一种是用户愿意购买产品；另一种是用户表示再考虑一下或者决定不买。对于第二种情况，我们一定要了解用户不买或者再做考虑的真实原因。

4.2.3 了解真实顾虑

对于已提交订单但未付款的用户可以直接从这一步开始。例如，用户在直播间下单后一直不付款，商家可以根据订单信息去联系该用户。

话术示例："您忘记付款了，暂时不买也没关系，可否说下让您犹豫的原因呢？方便我们优化改进，非常感谢。"

通过这种话术能够以极大的概率得到用户的真实反馈。如果我们只是发问:"您为什么不买了呢?"那么,在这种情况下,用户很有可能会随口说出一个理由。

在用户说出自己的真实顾虑后,如果产品确实在这方面存在不足,那么可以将其记录下来,便于产品的改进,待产品改进后再联系这位用户;如果产品没有问题,只是介绍得不够全面,那么就要努力打消用户的顾虑。

这一步等于为自己争取到了再一次说服用户的机会。

4.2.4 给出解决方案

对于直接提出对产品的某一方面有顾虑的用户,可以直接进入这一步。

话术示例:"市面上确实有很多同类型的产品都出现了这样的问题,但我们的产品……若您还不放心,我可以给您申请在××天内使用没效果免费退款的福利。"

首先,我们要肯定用户的顾虑;然后,给用户一个具体的解决方案。

当然,整个流程执行下来后可能还是没成交,但没关系,可以根据用户的特点为其打上相应的标签,之后在组织相关的营销活动时,做有针对性地触达。例如,用户对某产品价格有顾虑,但目前该产品不可能为其降价,这时就可以给该用户打上价格敏感的标签,若以后有机会举办大促活动,则可专门通知该用户。

实战练习 15

请设计适合自己产品的私聊话术模板。

步骤	话术模板
挖掘真实需求	
梳理产品价值	
了解真实顾虑	
给出解决方案	

4.3 社群活动

在前面 3.2 节中我们带领大家建立了一些社群，如粉丝 / 普通客户群、关键客户群等，如果想在这些社群中成交，该怎么做呢？

进行营销的社群大致分为两大类，分别是临时群和长期运营群。

临时群是一个为了促进成交而临时建起来的群；长期运营群是一直运营的粉丝 / 普通客户群、关键客户群、分销员群等。活动方式也大致分为两种：一种是分销，另一种是促销。

基于社群营销的两类社群及两种活动方式，可将社群活动分为 4 种情况，即临时群做分销、临时群做促销、长期运营群做分销、长期运营群做促销。

使用临时群的好处是信息触达率更高。使用长期运营群的好处是建立的信任转化率更高。至于采取哪种社群活动，完全取决于自己的具体情况。

- 第一，确认有没有长期运营群，如果没有，则在做活动时就要建立一个临时群。
- 第二，如果长期运营群的运营效果不好，平时群里没有多少人互动，发消息也没人回应，则最好建立一个临时群；如果长期运营群平时的运营效果不错，有很强的凝聚力和良好的互动性，群里氛围也很好，则可以直接在该群里做活动。

4.3.1 临时群做分销活动

我们在 1.2 节已经确定了裂变品，即做分销活动时的主要产品，其他用于分销的产品也要尽量符合裂变品的特性。

1. 招募群主

做裂变活动时一定要借助分销员的力量，如果没有分销员团队，就要从粉丝和客户中招募。

例如，邀请 50 名分销员（数量多多益善）建群并成为群主。群主不仅在自己销售时能获得分成，在群成员出货后群主也能获得分成。群运营的各种物料都由品牌方提供（各群同步运营）。

2. 在多个群中同步执行分销活动

在多个群中同步执行分销活动时，需要品牌方提前准备好一整套标准化的流程和物料，群主只要执行转发动作即可。

例如，品牌方将分销活动分为 3 个阶段，并为每个阶段配上不同的话术和物料。

- 预热阶段：品牌方介绍品牌和产品，并发布"买产品即可锁定分销权益"的活动规则。引导群成员尽快通过购买产品获得分销权，在产品的正式发售期即可通过分销产品获得分成。
- 爆发阶段：在产品正式发售后，品牌方将短视频、直播、文章、海报等多种营销素材提供给群成员，一方面继续吸引在预热期还没购买的用户下单，另一方面方便具备分销权的群成员扩散。
- 成熟阶段：品牌方在群里发布下单情况、用户反馈等，充实群成员用于转发的素材。

3. 充分调动群主的积极性

为了充分调动群主的积极性，品牌方可给群主单独建立一个群，并在群中实时公布销售情况，将各群的销售总金额或群主的业绩进行排名。排名靠前的群主、团队销售额靠前的社群都能获得额外奖励。

4.3.2 临时群做促销活动

在什么情况下，产品更适合做促销而不是做分销呢？如果主推的产品不具备裂变品的特性，即市场价格透明，无法留出很多利润空间用于分成，则该产品更适合做促销。

1. 设计活动

在设计活动时，建议用"免费"的字样吸引可能对产品感兴趣的用户进群，这个免费既可以是免费的知识，也可以是免费的试用装等，之后再通过直播等方式进行促销，在群里做转化。

2. 将活动信息有针对性地发给用户

在为用户打了标签或分类建群后，可以有针对性地将活动信息发送给相关用户。

例如，我们的活动是分享祛痘知识并销售祛痘产品，那么就把活动信息发送给有祛痘需求的用户。当然，如果产品受众不是那么明确，如保湿类的产品，人人可用，则可以通知所有用户。总之，在做信息触达时要尽量精准，不要过于频繁地打扰用户。

3. 建群及裂变

为所有报名参加活动的用户建立临时群，需要注意的是，建立临时群的时间不要太早，也不要太晚，最好在活动前的 1～2 天。如果建得太早，临时群的热度容易冷却，活动效果也不好，那么建立临时群的意义就不大了。

为什么不当天建群呢？因为在提前建立临时群后还需要执行一些操作：设置奖励，发动已报名参加活动的用户邀请更多人进群。

4. 激发用户的紧迫感

可以通过直播（直播流程参考 4.4 节）或者"图文 + 下单小程序"的形式发起促销活动（营销素材参考 4.1 节）。不管采用什么样的工具和形式，在促销活动过程中，都要营造当下购买是最佳选择的氛围。

4.3.3 长期运营群做分销活动

如果长期运营群的用户黏性较高，则可以直接在这类群中做分销活动。长期运营群和临时群的区别在于，长期运营群不需要招募群主，仅基于现有的群做活动，带动群友分销即可。在长期运营群做分销活动的步骤如下。

步骤❶ 活跃社群氛围。
步骤❷ 公布活动规则，提供宣传物料。
步骤❸ 根据带货金额排名，并不断激励群友。

> **注意**
>
> 即便是用户黏性较强的社群，也不如一个新群的信息触达率高，所以，我们需要不断通过一些游戏方式活跃社群氛围。
>
> 假如晚上 8 点开始做秒杀活动，则可提前发起一个有奖竞猜活动：请大家猜一猜这次发布产品的价格是多少，猜中者有奖。这种猜谜方式喜闻乐见，并且用户在参与猜谜后，会很想知道具体答案，所以，到了晚上 8 点，即便本来不打算购买的用户也会看一眼信息，这时就有可能因被营销活动吸引而产生购买动力。

4.3.4 长期运营群做促销活动

发起的促销活动，需要有针对性地选择合适的社群。例如，本次促销活动采用的是产品体系里的引流品，很多老客户已经买过，此时没必要在老客户群里宣传了。在长期运营群做促销活动的步骤如下。

步骤❶ 选择合适的社群。
步骤❷ 活跃社群氛围。
步骤❸ 激发用户的紧迫感。

实战练习 16

请设计一场针对社群的成交活动流程。

类别	步骤
	1.
	2.
	3.
	4.

4.4 直播带货

视频号直播是在私域里促进成交的绝佳工具,希望大家都能重视起来。

有些小伙伴尝试过直播,但带货效果并不好。究其原因主要是没有经历引流、运营、积累信任感的阶段,一上来就直接带货,效果肯定不理想。当然,也有一些人不需要经过前面的阶段,直接通过直播带货就能产生很好的效果,那是因为他们能获取巨大的公域流量,如娱乐主播,或者是所属行业很有名气的专家。

4.4.1 直播的分类

下面先来介绍一下直播的类型,大致分为以下 3 种。

- 一是全程带货直播:一个产品接着一个产品地介绍。例如,李佳琦的直播间。
- 二是知识带货直播:一边讲知识一边销售产品。例如,董宇辉的直播间。

- 三是娱乐带货直播：不断讲解健身要点或者展示旅游风景，虽未提及产品，但在直播间的小黄车中会挂着有关联性的产品。例如，刘畊宏的直播间。

对于全程带货直播，每场直播的产品一定要多，建议每10分钟更换一个产品，重点产品还可以返场1～2次。

对于知识带货直播，其直播产品大多为知识付费产品，即讲解某个垂直领域的知识，之后引导大家购买书籍、课程等。当然，也有像董宇辉这样带其他产品的，讲知识只是其自身特色，和产品本身的关联度不大。

对于娱乐带货直播，其直播产品大多为实物类的产品。可以将这些产品作为直播间的道具，如主播穿的衣服、桌面上的摆设等，通过引导用户，促进成交。

> **注意**
>
> 因为知识带货直播和娱乐带货直播并不是全程带货，所以不建议带太多的产品，根据直播时长，平均每小时推1～2个产品即可。

4.4.2 直播间的产品结构设计

在直播带货时，大家可能会很注重操作流程、话术等问题，却容易忽视直播间的产品结构。其实只要产品结构设计好了，产品结构本身就能起到很好地引导用户下单的作用。下面介绍3个产品结构设计方法。

1. 减少同类型选择

相似的产品放在一起，看似给用户更多的选择，实则会让用户的选择变得更加困难。这时用户会选择再考虑考虑，并将订单搁置下来。

例如，某女性魅力演说导师，设计了很多种用于提升女性魅力的课程，包括演讲课、声音课、形象课等。如果3门课程都做推广，则一位想提升自身魅力但预算有限的女性可能会因纠结先学哪一个而不会下单。

正确的做法是把课程打包，主推打包产品，即整套提升女性魅力的课程。如果用户表示价格太高，则可针对她的情况提供单独购买某门课程的选择。

选择主推整套课程，既体现了该导师的综合优势，也解决了用户选择困难的问题，还提高了客单价。

2. 增加极端的选项

用户对于同一类型、不同价位的产品会倾向于购买中间价位的产品，商家也普遍采用这种价格策略进行活动设计。例如，在一些餐厅的酒单上，既有高等价位的红酒，也有中等价位的红酒，还有平价的红酒。这时，很多用户会倾向于选择中等价位的红酒，而这也正是商家想让用户做的选择：通过增设高等价位的红酒和平价的红酒，让中等价位的红酒脱颖而出，让用户觉得其是非常合适的选项。

3. 提供参照

提供参照和增加极端的选项有异曲同工之处。具体怎么用呢？例如，原价 1000 元的产品，在直播间打 5 折后促销价为 500 元。若单纯打折，则会让用户觉得产品原价只是一个噱头；若这时在直播间同时上架一款原价 700 元，促销价也为 500 元的产品作为参照物，则会凸显原价 1000 元的产品的打折力度大、性价比高，用户就可能产生下单意愿。

4.4.3 直播间的带货流程设计

步骤 ❶ 设计对外宣传的直播主题。全程带货的直播可用一两个超值引流品去吸引用户。例如，一元一盒的草莓。如果是没有引流品的知识带货直播或者娱乐带货直播，那么宣传主题就要重点体现其他亮点，这个亮点既可以是有价值的内容分享，也可以是邀请到的大咖嘉宾，还可以是直播过程中非常有诱惑力的奖品。

步骤 ❷ 写提纲。

步骤 ❸ 直播预热。

步骤 ④ 直播间设置。

步骤 ⑤ 直播——引导下单及其他互动。作为带货直播，在直播中引导下单是最关键的动作。其他的互动可以参考2.2节。我们需要提前梳理好产品卖点，不同类型的产品侧重点不一样。整体来说，可以从以下几个方面来讲。

- 首先，要讲整个行业的背景，为什么选择这个行业以及选择某个大类产品的原因。例如，我们在做"视频号课程"的带货直播时，会先告诉大家"做视频号是普通人在未来两三年内最大的机会"，然后举例说明。
- 接下来，我们再去阐述为什么选我们的产品而不选其他同行的产品。例如，课程非常实用，1对1指导，从定位到拍摄、剪辑、运营，让大家能够系统、高效地学习，不走弯路。
- 最后，还要有催单的话术，即告诉用户为什么一定要现在购买。最常见的话术有：在直播间购买有××的优惠或赠品。

> **注意**
>
> 总之，在直播间让用户下单的一些话术包括几个方面：为什么要买这个大类的产品；为什么选择我们的产品，而不是同行的产品；为什么一定要现在购买。

步骤 ⑥ 直播后，做好售后服务及复盘。例如，直播结束后还需要做好发货、兑奖等一系列售后服务。

4.4.4 "直播+社群"组合营销案例

在营销过程中，还可以将直播带货和社群结合起来使用。例如，才子男装借助直播和社群做了一场"才子衬衫节"的活动。最终活动取得的成绩很亮眼：线上线下全盘业绩同比提升23.78%；环比提升10.15%；整体盘客单价同比提升5%。"才子衬衫节"的活动主要分为以下3个阶段。

- 预热阶段：推出"9.9元购价值210元券包"的活动，通过销售预售卡提前锁定潜在客户。除此之外，才子男装总部还将提前准备好的预热素材，如利益点海报、直播预约海报同步给各大门店的导购员，助力导购员活跃社群气氛。
- 爆发阶段：由于活动重心在于线上直播卖货，因此通过导购员在社群引导，将用户引流至直播间，利用主力爆款吸引用户下单。同时，总部会在内部社群中实时同步销售进度，并设置开门红激励、单店业绩排名激励、社群搭建激励，从而调动导购员卖货的积极性。
- 返场阶段：在为期3天的返场阶段，以定时"社群秒杀"为核心玩法，引导错失直播活动的用户抓紧最后的下单机会。

实战练习 17

请策划一场带货直播。

直播选品	直播时间及主题	直播大纲	预热时间及方式	直播间设置	引导下单话术	直播复盘

4.5 客户复购

4.5.1 提高复购率的3个核心思维

在1.3节我们介绍了单个用户生命周期的总价值，在引入期（将潜在客户转化为客户的环节），可以通过在临时群促销的方式来促成潜在客户向客户的转化；在成长期（客户与品牌之间逐渐亲密的"甜蜜期"），可以通过精准营销——有针对性地发送营销素材，并通过私聊话术的方式留住客户；在成熟期（客户与商家之间达到"亲密无间"关系的阶段），可以提升客户对品牌的感知度，强化忠诚度，延长留存的时间，提高复购率。

在产品质量过硬、性价比高的情况下，怎样提高复购率呢？有以下3个核心思维。

1. 增加曝光频率

提高复购率的第一个核心思维是增加曝光频率，即能让客户时不时地看到。因为在让人眼花缭乱的产品市场中，客户的注意力很容易被吸引走，既然客户已沉淀在我们的私域中，就表示其有一定的购买需求。通过增加曝光频率，可让用户在想要购买同类产品时，第一时间想到我们的产品。

例如，我们的主营产品是面膜，若客户在面膜快用完时刚好看到我们的朋友圈宣传，则其大概率会直接复购。如果我们的面膜曝光频率很低，那么客户既可能在今天逛淘宝时看中A款面膜，也可能在明天刷抖音时看中B款面膜。此时，这个客户极有可能流失。

总之，当客户已沉淀在我们的私域里时，就可以通过朋友圈、视频号直播、短视频、社群、公众号等渠道持续曝光产品（当然，不要天天私聊打扰客户，这样会引起对方的反感），提升客户对品牌的感知度，强化忠诚度。

2. 增加产品类别

提高复购率的第二个核心思维是增加产品类别。不能只守着一个爆款不停地推广，如果想提高产品的复购率，就要有丰富的品类，尤其是非高频刚需的产品。

例如，我们的主营产品是沙发，但客户在购买一次后就会使用很多年，若想提高复购率，就必须设计更为丰富的品类，如茶几、抱枕、衣柜等。

若开发一个新品的成本非常高，市场也不确定，那么可以通过异业合作的方式推出衍生品。例如，由于家具和电器的受众群体一致，且不存在竞争关系，因此，家具品牌可以和电器品牌开展异业合作，在为客户争取到额外福利的基础上，增加客户的黏性，并从中获取利润。

3. 增加客户的替换成本

提高复购率的第三个核心思维是增加客户的替换成本，也就是客户离开就会有损失，或者说客户留下就会有好处。

例如，某品牌的主打产品是面膜，并设置了会员积分制，每个月客户消费了多少金额就能得到相应的积分，积分达到一定数额后即可兑换一款配合面膜使用的润肤乳。假设推荐客户一周使用 2 次面膜，每片面膜的售价为 20 元，则可设置只要客户在每个月的消费金额达到 150 元即可通过得到的积分兑换一瓶润肤乳，连续 12 个月积分都能达到一定标准即可兑换一整套护肤品。此时，如果客户改用其他品牌的面膜，则意味着当月的消费金额可能达不到标准，无法兑换免费润肤乳和年度的套装护肤品了。

再如，为客户提供新品试用特权，即在客户的消费金额达到一定的数额后，所有新品都会优先寄给该客户试用，在客户反馈使用体验、提出建议后，我们会认真听取、采纳。并且，要把享受新品试用特权的客户的使用体验告诉其他客户，促成其他客户持续购买。

总之，要采取一系列机制来增加客户的替换成本，从而提高客户的忠诚度和复购率。

4.5.2 提高复购率的步骤

在了解了提高复购率的三个核心思维后,下面具体介绍提高复购率的步骤。

1. 了解客户的潜在需求

在 1.3 节介绍过要对客户做到"可洞察",即随着时间的推移和市场的变化,客户本身也会发生一定程度的改变,为了确保能够持续和有效触达客户,必须对客户进行持续洞察,了解其需求和喜好的变化,以便及时调整策略。

怎样了解客户的需求呢?最简单的方法是设计一份调研问卷。问卷的问题不需要太多,也不要让用户填写大段文字,直接列好选项请用户选择即可。另外,我们要为填写问卷的客户准备一定的福利。例如,可以准备以下两类福利:

- 一是能够为客户提供更好的使用建议。例如,我们的产品是面膜,填写问卷的目的是能够进一步了解客户皮肤的真实状态,从而为客户提供更好的使用建议。
- 二是为客户提供一个有价值的赠品。还是以面膜问卷为例,可以如实告知客户:我们需要真实的反馈来优化产品,对于客户付出的时间,我们将提供一款赠品以示感谢。

2. 选择营销渠道

在了解到客户现阶段的需求后,就要选择合适的渠道,有针对性地去做营销。例如,通过微信私聊;通过社群营销等(需要运用到"增加曝光频率"这一核心思维)。

3. 设计营销活动

在选择好合适的营销渠道后,就可通过设计多种活动形式来让客户参与进来,从而产生转化。

活动形式既可以是发放优惠券、用会员积分兑换礼品，也可以是发放新品试用特权、邀请专家分享干货等（需要运用到"增加客户的替换成本"这一核心思维）。

例如，先根据客户存在的不同问题，将客户分为不同的类别，然后有针对性地邀请客户参与相应专家的直播分享活动。

对于有穿着搭配需求的客户，可邀请专家跟大家聊一聊配色知识、怎样找到适合自己的风格等。这种邀请专家分享知识的形式可以快速拉近与客户的距离，客户为了成为更好的自己就会减少排斥心理，愿意倾听和了解相关信息。这时，再推出穿搭的课程，给老客户一个优惠券，就更容易实现复购。

优惠券的发放也可以设置得有趣一些。例如，通过有奖竞猜的方式来发放优惠券：根据专家讲到的知识点提出几个问题，回答正确率高的人就能得到高额的优惠券。如此设置的目的是增加趣味性、设置门槛，毕竟有门槛，客户才会珍惜。

实战练习 18

按照提高复购率的步骤策划一场营销活动。

步骤	采用的方法
了解客户的潜在需求	
选择营销渠道	
设计营销活动	

4.6 分销制胜

在前面的章节里，曾多次提到分销员的重要性。在做私域的初期，可以通过微信标签、社群等方式管理分销员，但在具有一定的规模或者侧重于分销这种销售模式中，由于人工统计数据、结算佣金的流程过于烦琐，因此需要运用数字化的手段，建立自己的分销员体系，或者借助有赞平台等专业的 SaaS 工具去管理分销员。

本节就来介绍如何搭建一个完整的分销员体系。

4.6.1 分销员体系的运营思路及关键步骤

1. 运营思路

- 便捷的分销规则：分销规则简单，分销员能够快速理解。
- 健全的佣金体系：例如，对某区域产品日销佣金、线上产品日销佣金、活动单品佣金均有明确约定。
- 多维度的奖励制度：除日常佣金收益外，还要根据下级用户的消费金额、下级用户的订单数、下级用户人数、社群活跃度等建立多维度的奖励制度和比拼制度。
- 规律的活动周期：策划有规律的活动，如上新、折扣、分销折扣专享等，让分销员有丰富的活动素材可以推送。

2. 关键步骤

（1）招募分销员。

- 内部招募：充分利用公司的内部资源，即调动公司内部员工的积极性，在小范围内尝试发展导购员成为分销员。
- 外部招募：可选出一小部分客户，尝试将其发展为分销员，之后逐渐通过公众号、社群、店铺首页等渠道公开招募分销员，并尝试二级裂变。

（2）制定业绩方案。

- 制定分销员等级阶梯/阶梯奖励制度/团队奖励/单品奖励等方案。原则是在充分调动分销员积极性的同时保证一定的利润。

- 制定公司/区域/门店的多维度奖励方案。

（3）培训推广。

- 项目宣传培训：召集内部/直营/加盟区域员工进行分销培训，并分享分销项目的战略意义。
- 分销员培训：进行分销员操作培训。
- 分销员管理：为分销员建群，并提供专人答疑，以便保障分销员在销售产品时无系统问题之忧。

（4）内容活动。

- 公司总部需要持续给分销员提供内容素材，分销员可一键转发。
- 丰富营销活动，策划分销专属活动，以便帮助分销员做出业绩。

4.6.2 分销员的招募

分销员的招募分为 4 个阶段：试跑阶段、发展阶段、爆发阶段、成熟阶段。

1. 试跑阶段——跑流程、设标准

以熟悉公司文化和产品的门店导购员、公司内部员工为一级分销员，快速跑流程。

- 对于有门店的商家来说，导购员掌握的客户资源最多，优先发展导购员成为分销员是成本最低的分销员招募方式。利用分销员在线上 24 小时不打烊的优势，门店可实现货架延伸。
- 发动公司内部员工。利用公司内部员工的朋友圈资源，可不定期地组织内购活动，并进行内部分享。

下面介绍两个员工分销做得不错的企业。

（1）雅戈尔集团。

雅戈尔集团创建于1979年，在全国拥有772家自营专卖店，品牌网点2632家。其主打产品——衬衫，为全国衬衫行业第一个国家出口免验产品，市场综合占有率连续17年保持第一位，西服市场综合占有率连续12年保持第一位。雅戈尔集团在分销运营过程中，具有如下亮点：

- 总部统筹制定分销规则，并组织导购员培训，由全国直营门店的导购员进行产品分销。
- 除了日常线下门店的销售指标，还通过小程序为导购员制定额外的业绩指标，包括分销金额、发展客户数等。
- 结合分销员运营和营销方案设置全月营销计划，在不同的活动期可设计不同的佣金体系。
- 多维度的佣金奖励体系：除了日常的佣金，总部还会不定期地举办分销员的比拼活动，并针对订单数、金额、活跃度等不同维度额外制定不同的激励政策。
- 通过"直播+分销员"的方式，策划具有规律性的小程序直播计划。例如，每月策划2～3场直播，之后请分销员开启直播助力。如此操作后，单场直播的观看人次高达20万（这里的直播是指鉴于有赞平台的产品直播）。

（2）泰富百货。

尽管泰富百货是常州地区百货行业的"老大哥"，但在过去数年中一直面临着内忧外患的困境。面对一系列的挑战，泰富百货在坚持做好客户服务和货品供应的同时，开始着力"抓"新客、"抓"年轻的主力客群。而针对这一群体，最具吸引力的营销策略就是线上购物。于是，泰富百货开始对导购员进行数字化赋能，实行全员分销战略，产生的分销运营亮点如下。

- 泰富百货通过企业微信和更多的客户建立好友关系，形成强链接、强触达，再借由百货商场高效运转的组织管理模式，驱动每一名商场导购员参与私域用户的线上运营。

- 泰富百货按照合适的节奏，为导购员做培训，帮助导购员拆解业务场景，让其可以熟练操作企业微信、小程序和相关导购类的工具，直接提升了导购员的业绩。
- 泰富百货为导购员创造了更高的晋升空间和荣誉感。例如，泰富百货在开始尝试直播时，由于缺乏具备新零售能力的主播，MCN 机构的费用又极高，因此选择让一线导购员作为主播，这些导购员中的很多人从主播升到了店长，甚至成为区域经理。
- 泰富百货会举办各类分销竞赛、有赞导购员大赛，优秀员工会得到奖状、现金红包和带薪休假等奖励，极大地提升了员工的积极性。目前，泰富百货共有 1000 余名导购员，这些导购员的带货业绩占比高达 70%～80%。

2. 发展阶段——拓渠道

让高质量客户加入分销队伍，销售渠道从内部发展到外部。例如：

- 定向邀约部分高质量客户加入分销队伍，同时在已有的会员群、店铺客户群等社群公开招募分销员（高级会员对品牌的认知度高，分享意愿也较高）。
- 二级裂变：在分销体系试运营一段时间后，开放二级分销，让现有分销员做裂变转化。

3. 爆发阶段——平台化

通过公开招募，让有意向的消费者加入分销员队伍，从而达到人人都是分销员的目标。例如：

- 在内部员工和会员资源招募到了瓶颈期，分销员运营体系已经比较完善的情况下，可以通过公众号、店铺首页等方式进行分销员的公开招募，从而发展外部的分销员。
- 线下地推：定向地推，如校园推广大使、社区团长招募等。

利用公域流量公开招募的示例：通过小程序首页，设置分销员招募专区，吸引到店访客成为分销员，从而拓展更多的外部分销员，如图4-4所示。

4. 成熟阶段——优胜劣汰

让优秀的分销员胜出，给予更大的平台，淘汰没有产出的分销员。

图4-4

4.6.3 分销员的业绩方案结构

分销员的业绩方案结构可进行如下设置。

1. 基础佣金（见图4-5）

- 设置分销员等级，并对不同等级的分销员设置差异化的佣金比例，从而让优秀分销员更有动力分享，以获得更多的佣金。
- 开启邀请奖励，让第一批种子分销员开始二级裂变，从而扩大分销员队伍。邀请奖励是指在下级分销员发展的客户成交后，上级分销员能得到的佣金比例。这个佣金比例一般比上级分销员自己直接发展客户成交的佣金比例要小。例如，一级分销员的佣金比例为10%，一级分销员邀请奖励的佣金比例为3%。
- 开启自购，分销员享受佣金：若分销员个人想购买同类产品，则出于消费者心理，会优先想到分销的品牌，从而让分销员成为品牌的忠实客户。

一级分销员
产品佣金 ××%
邀请奖励佣金 ××%
累计分销金额达 ××

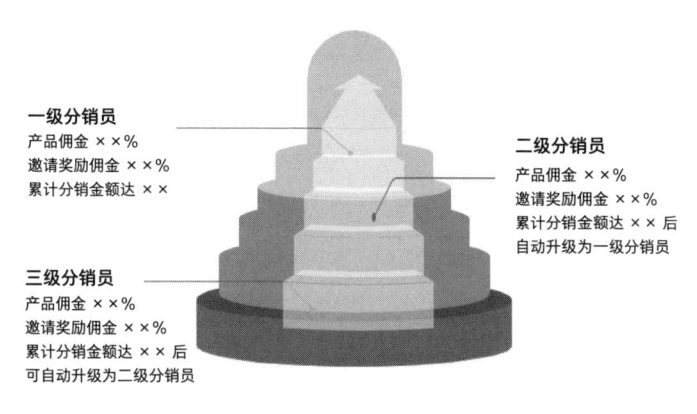

二级分销员
产品佣金 ××%
邀请奖励佣金 ××%
累计分销金额达 ×× 后
自动升级为一级分销员

三级分销员
产品佣金 ××%
邀请奖励佣金 ××%
累计分销金额达 ×× 后
可自动升级为二级分销员

图 4-5

2. 奖励佣金（见图 4-6）

除了日常产品佣金和邀请奖励佣金，还可以根据发展客户数、邀请下级分销员数、成交订单数、成交客户数等维度制定额外的奖励。例如，可按日/周/月对分销员进行奖励，同时公开招募的分销员可以在社群内比拼业务，从而营造良好的竞争氛围，激发分销员的热情。

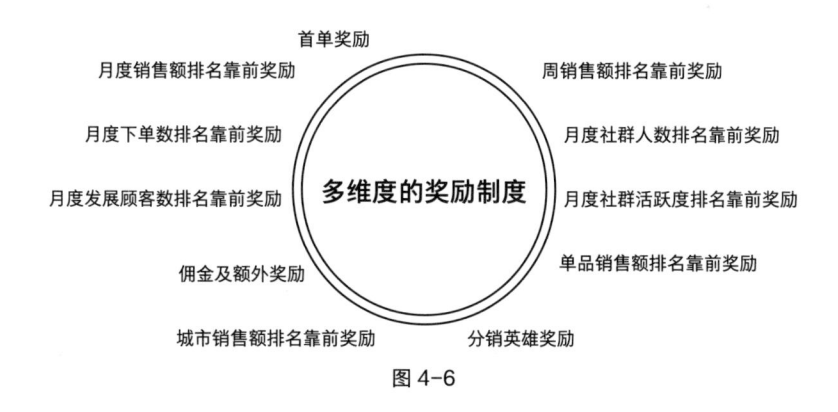

多维度的奖励制度
- 首单奖励
- 月度销售额排名靠前奖励
- 周销售额排名靠前奖励
- 月度下单数排名靠前奖励
- 月度社群人数排名靠前奖励
- 月度发展顾客数排名靠前奖励
- 月度社群活跃度排名靠前奖励
- 佣金及额外奖励
- 单品销售额排名靠前奖励
- 城市销售额排名靠前奖励
- 分销英雄奖励

图 4-6

3. 竞争激励

针对不同区域、不同门店，制定业绩比拼制度，可以给予优秀的团队和个人额外的奖励。例如，奖励单日绑定客户数靠前的个人和团队 ×× 元，利用竞争机制充分调动分销员的积极性。奖励方案示例如图 4-7 所示。

项目	方案
基础佣金	① 日常佣金：销售产品的佣金比例为 7%，邀请顾客的奖励佣金比例为 2% ② 等级化：不同等级对应不同的佣金比例
奖励佣金	① 奖励每日第 1 个开单的分销员 10~50 元，可在微信群内直接发红包 ② 奖励每周发展顾客数排名前 10 的分销员 10~100 元，可在微信群内直接发红包 ③ 奖励每周开单排名前 10 的分销员 10~100 元，奖励每月开单量排名前 10 的分销员晋升一个等级，并对应更高的佣金比例
排名比拼	① 给予每周开单金额／发展顾客数排名前 3 的团队／门店额外奖励 ② 给予每月开单金额排名前 10 的分销员 100~1000 元奖励，以红包或薪资形式发放 ③ 不定期举办分销员业绩比拼活动，获胜者可获得高额现金奖励
离职人员管理	对于部分离职的导购员或休产假的员工，若其拥有一定的分销资源，则可加入分销员体系，并享受与在职导购员同样的激励政策
销售抓手	运营团队每周单独给每位分销员提供 10 张专属优惠券，以便提高成交率

图 4-7

4.6.4 分销员的培训

一个优秀的分销员，可以帮助品牌裂变更多的客户。通过培训，分销员可更熟悉品牌产品，具备线上销售技巧，并且能通过社群帮助品牌维护好客户。所以，针对分销员的培训至关重要。

1. 制作清晰易懂的分销员手册

清晰易懂的分销员手册主要包含以下 3 个方面。

（1）分销规则。

- 设置分销规则，分销逻辑清晰，分销员可读懂。
- 熟悉分销规则是分销员入门的第一步。在所有分销员熟悉规则后，能大大减少管理人员的答疑时间。例如，升级规则、客户绑定关系逻辑、佣金比例等。

（2）操作流程。

- 给出分销员操作流程指引，让分销员快速了解如何分销。

- 原则：操作简单，分销员一看就懂，包括如何分享、如何查看业绩、如何查看自己的客户等。

（3）常见问题。

- 收集分销员的常见问题，制作问答列表。
- 及时下发问答列表，为分销员答疑解惑。例如，客户绑定逻辑、佣金查询方法、如何登录等。

分销规则的简单示例如图4-8所示，可制作成小卡片下发，令分销员一看就懂。

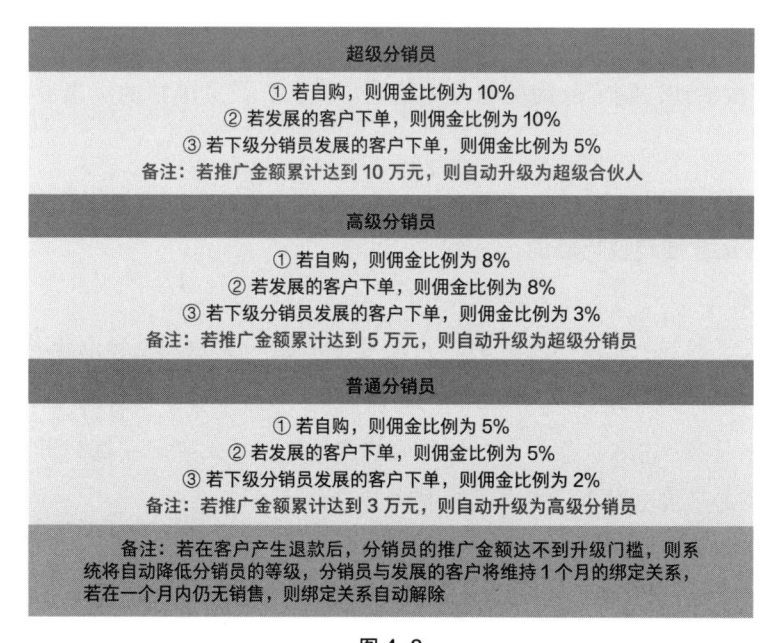

超级分销员
① 若自购，则佣金比例为10%
② 若发展的客户下单，则佣金比例为10%
③ 若下级分销员发展的客户下单，则佣金比例为5%
备注：若推广金额累计达到10万元，则自动升级为超级合伙人
高级分销员
① 若自购，则佣金比例为8%
② 若发展的客户下单，则佣金比例为8%
③ 若下级分销员发展的客户下单，则佣金比例为3%
备注：若推广金额累计达到5万元，则自动升级为超级分销员
普通分销员
① 若自购，则佣金比例为5%
② 若发展的客户下单，则佣金比例为5%
③ 若下级分销员发展的客户下单，则佣金比例为2%
备注：若推广金额累计达到3万元，则自动升级为高级分销员
备注：若在客户产生退款后，分销员的推广金额达不到升级门槛，则系统将自动降低分销员的等级，分销员与发展的客户将维持1个月的绑定关系，若在一个月内仍无销售，则绑定关系自动解除

图4-8

2. 开展大型活动前的活动内容培训

在开展大型活动前，需要对活动内容进行培训，其目的有两个：一方面充分调动所有分销员的积极性，帮分销员完成活动GMV（商品交易总额）；另一方面，让分销员充分熟悉活动方案，之后在推送中更有针对性。

在大型活动开展前，培训的活动内容主要包括以下几个方面。

（1）活动方案。

提前整理活动方案，并在活动开始前下发给分销员，从而让分销员熟悉活动方案，提前帮品牌做预热传播。

（2）核心玩法。

提炼本次活动的核心玩法，让分销员提前发朋友圈宣传。例如，全场满 10 件打 1 折。

（3）分销政策。

针对本次活动，制定分销员的分销政策。例如，设置单独的优惠券、产品额外奖励佣金等。

3. 日常运营推广技巧培训

- 朋友圈推送：梳理朋友圈的推广流程，形成一套 SOP（标准操作程序）。在日常工作中，分销员按照 SOP 操作即可，从而帮助分销员快速上手。
- 成单技巧：内部收集优秀分销员的推广技巧，不定期地整理运营小提示，并分享给所有分销员，从而共同提升运营能力。
- 沟通技巧：总结并分享向客户推送文案的技巧、客户回访技巧、微信社群沟通技巧等。

4.6.5 分销员的推广管理

分销员需要通过一系列的推广动作促成成交。那么，分销员如何充分利用自身资源来获得佣金呢？针对分销员的推广管理可分为如下几个步骤。

1. 分销员 IP 打造

这部分内容和 3.1 节的微信号运营存在相似之处，有兴趣的读者可翻看之前的内容。在分销员 IP 打造的过程中，需要注意如下几点。

- IP 人设：树立专业领域的 IP 形象，如时尚顾问、搭配师、社区团购团长、旅行家等。分销员除了需要分享产品，还需要分享日常生活，从而打造一个有温度的人设，如图 4-9 所示。
- 分组推送：当客户达到一定基数时，针对客户群进行标签分组，在不同群组为客户推送不同的内容，从而提升转化率。
- 朋友圈互动：为了提升朋友圈的活跃度，分销员可以不定期地做一些互动活动，如点赞送优惠券、试吃活动、红包活动等。
- 二级裂变：不定期地在朋友圈内招募下级分销员，让更多的朋友一起成为分销员，并收获更多的邀请奖励。

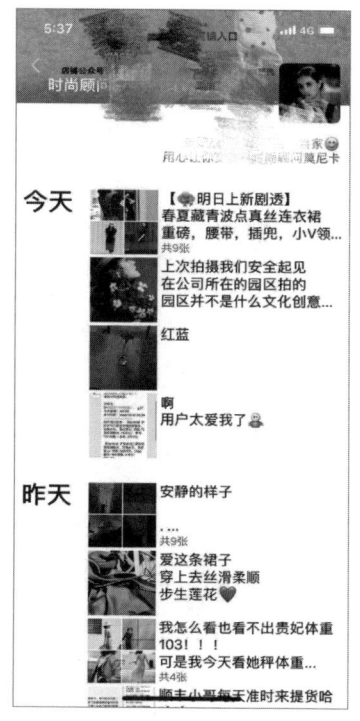

图 4-9

2. 规范化管理

对于分销员的推广动作要有规范化的管理。例如：

- 分销初期，快速确定热销产品。公司保持每周稳定上新，让分销员有足够多的内容分享到朋友圈。
- 规范分销员日常发到朋友圈的内容。公司统一制作模板、素材图片、短视频等，定期更新素材中心，分销员按需转发即可，以便提高转发后的订单转化率，如图 4-10 所示。

- 在统一时间发布朋友圈。虽然分销员需要在每天的多时段、多频次地触达客户,但切记不可刷屏。朋友圈的推送时间可逐渐规律化,从而让用户适应分销员的推送节奏。
- 需要为分销员群设置一位负责人。负责人负责每日不同时段的任务通知,包含素材更新、核实素材转发情况、销量动态统计、难点汇总等,最终提高订单转化率。

下面是一个针对分销员的推广管理流程示例。

- 下达:上午9点在分销员群内发送今日主推产品的文案、图片、链接(朋友圈文案),如图4-11所示。总部每日负责提供在朋友圈推送的文案素材(每日3~8条),分销员可自行选取、转发。
- 跟进:下午3点,在分销员群内通知今日销售情况,并播报剩余库存,让各分销员产生紧迫感。如果有销量高的小伙伴,则可点名表扬,以激励其他分销员。
- 复盘:晚上9点,进行每日总结。邀请销售额排名前3的分销员分享经验,并列举其他分销员遇到的困难,逐个讨论解决。

图4-10

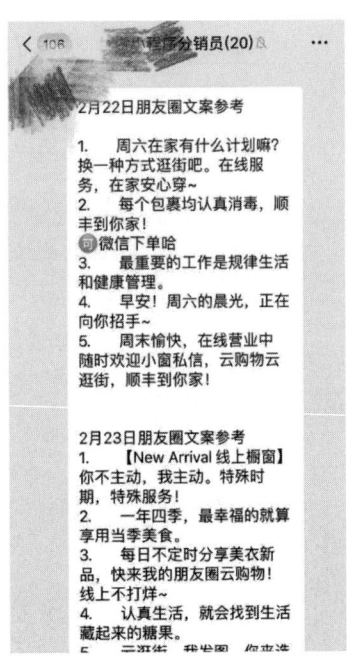

图4-11

3. 推广内容素材

(1)朋友圈九宫格。

为分销员准备每日朋友圈的推广文案和图片素材(每日固定时间上线,让分销员养成有节奏的推送习惯)。推广文案和图片素材放在分销员素材中心,分销员可以自行下载、转发，如图 4-12 所示。

针对主推产品，提供细节图、试用场景、主推文案等。让分销员在一段时间内集中推送主推产品，帮助品牌打造爆款。

（2）短视频。

除了常规的产品推送，公司还可以拍摄部分生动的短视频用作推广。例如，将线下店铺的日常花絮、产品试穿／试吃、外景拍摄、线下活动等各种直播视频剪辑成朋友圈可推送的素材，分发给分销员，塑造品牌场景感。

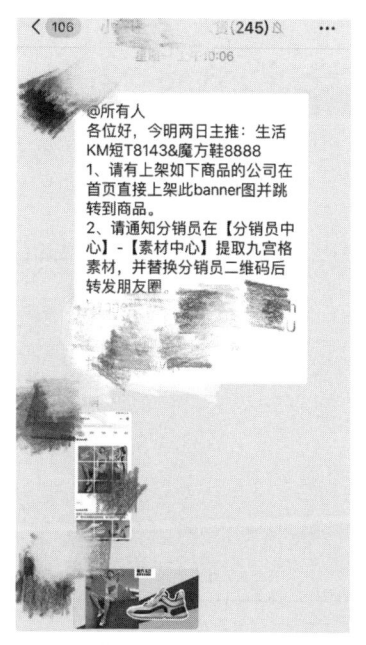

图 4-12

（3）直播。

- 分销员分享直播预告，转发直播海报。在帮助品牌宣传的同时，通过客户点击即可与分销员绑定关系，令分销员获得佣金。
- 借助直播间的助力规则，鼓励分销员邀请更多客户进入直播间，邀请客户数排名靠前的分销员还可获得公司的额外奖励。
- 品牌方负责直播内容，分销员负责邀请客户和宣传，从而打造品牌和分销员双赢的局面。总之，直播时的下单转化率越高（比日常推广更高），分销员分享的积极性就越高。

> **注意**
>
> 不同直播平台的功能和玩法不同，这里使用的是有赞的直播平台。

实战练习 19

请制定一个粗略版的分销员运营方案。

关键步骤	具体实施
招募分销员	
制定业绩方案	
培训推广	
内容活动	

第5章 行业案例

5.1 母婴行业：缤趣小方

5.1.1 品牌背景

作为一家深耕母婴行业近10年的品牌，缤趣小方在全国各地拥有40余家门店。如今，它正尝试通过私域运营的方式与客户建立更为密切的情感联系，从而将成交变成一件水到渠成的事情。

5.1.2 引流

自2021年12月开始，缤趣小方在有赞（高级版）的助力下，加速直播间的打造（见图5-1），并摸索出一整套新方法。

具体而言，它会同一些看似与母婴行业毫不沾边的职业群体开展联合活动。例如，邀请调酒师为宝宝调配奶粉，或者邀请专业牙医、眼科医生为宝妈解惑，并且每一期都安排自己的主播做短视频的情节串联，从而为直播预热。

最终，通过这些含有强烈反差元素的直播，缤趣小方不仅收获了大量宝妈的关注，也成功打造出了与众不同的"人设"。

5.1.3 运营

有了流量后，如何与客户保持长期联系呢？在这个问题上，缤趣小方给出了自己的答案：将消费群体以社区为单位进行运营。

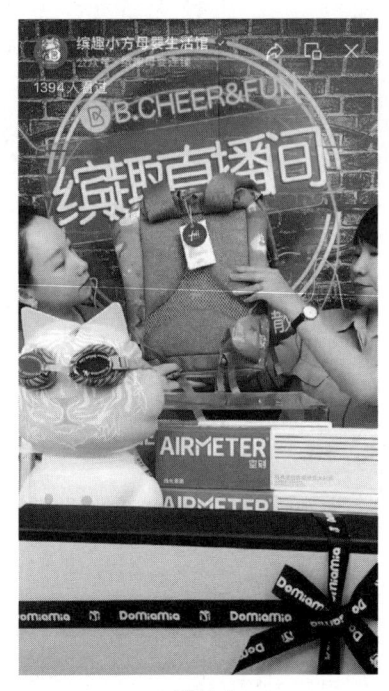

图5-1

众所周知，母婴产品是一种高频复购的刚需产品。因此，缤趣小方从 2021 年下半年开始进行定位调整，更多地去探索如何实现精品母婴店的社区化，在社区的邻里关系上做深耕。

步骤❶ 缤趣小方会对社区进行调研。例如，观察当地宝宝使用的推车型号，以此定位周边的消费水平，并寻找与附近卖场产品的差异。

步骤❷ 缤趣小方经常安排员工与客户交流产品体验，并根据真实反馈选择店里上架的产品。

现如今，缤趣小方在全国多个省份开出的近百家门店中，消费品类存在巨大差异，以便实现差异化运营。

> **注意**
>
> 值得一提的是，缤趣小方在每年圣诞节都会开展"圣诞老人到我家"的活动，安排店员扮成圣诞老人到客户家送礼物。事实上，该活动也符合其所追求的社区店终极形态：充当一个值得信赖的邻居，不仅为客户提供外在的产品，还提供内在的情感支持。

5.1.4 成交

如今，缤趣小方在每周五晚上 6 点到 10 点进行直播，每场直播由总部统一筹备和呈现。一场直播，至少需要 7 位来自不同岗位的同事统一协调，包括选品、定价、备货、上架、海报素材制作、直播、发货、订单处理等，工作颇为琐碎。

不过，这项工作在分发到门店后就变得简单了，仅需一位店员就能完成。而在这个过程中，有赞平台提供了很多提效的功能。不管是加盟店还是直营店，一整套的选品、孵化 IP、营销活动流程，都可通过有赞平台统一的后台配置给各地的门店。

目前，缤趣小方的直播是基于视频号进行的，后续的理想状态是用品牌的大 IP 来联动单店的小 IP，从而呈现更加立体的科学育儿理念。

5.2 鞋服行业：奥康

5.2.1 品牌背景

与许多传统行业一样，鞋服行业曾一直奉行"渠道为王"的理念，即在销售中比拼的是线下门店的数量，以求达到规模效应。

但现在，这一理念显然已经过时。商圈的碎片化导致单店客流量大幅减少，而消费者偏好的碎片化则使转化率进一步降低。在两种因素的叠加之下，单店销售业绩下滑成为必然。这就意味着，若要实现相同的销售总额，就需要更多的店面。换言之，企业的成本大幅提升，"开店越多死得越快"成为鞋服行业普遍存在的现象。除此之外，用户流失、导购效率低下等诸多问题也困扰着艰难前行中的鞋服品牌。成立三十多年的奥康正是其中的一员。

2009年之后，电商在中国蓬勃发展，奥康也于2010年"触电"，曾一度是电商平台上的明星企业。但是，随着流量红利的消退，和许多企业一样，奥康也意识到，电商并不能替代线下：电商做的是平台流量，即公域流量，解决不了企业终端门店现有的问题。

于是，在2019年，奥康把目光转向新零售，开始从构建私域着手，用线上势能激活线下门店。而在推进新零售的过程中，奥康始终秉承以区域公司为主角、总部"陪跑"的理念，同时通过持续赋能提升区域公司的能力，从而真正确保了新零售的层层落地。

5.2.2 引流

有赞平台针对鞋服行业的解决方案是基于私域资产，通过总部赋能整个线下零售体系（包括区域公司、经销商等），从而实现"门店、导购、会员"的全面数字化转型。

步骤❶ 有赞平台支持每个区域公司都有自己个性化的小程序商城，即一区一店，如图5-2所示。产品陈列、店铺装修、营销活动等均可由区域公司自行设计，并且能直接收款，这让区域公司真实地感受到了自己是小程序商城的主人。

步骤❷ 基于LBS定位，各地的客户只能看到当地的微店，有效地实现了各地的价格区隔。各区域公司的积极性由此大增。

有赞平台的能量巨大，通过尝试社交裂变等营销方法，让奥康在一个多月的时间里新增了约10万名的有效用户。

5.2.3 运营

继有赞平台之后，企业微信成为奥康新零售的又一个抓手。通过企业微信，导购员可以在互信的基础上构建有效社群。而有赞平台的企业微信助手，可将企业微信和有赞小程序商城无缝衔接，实现用户数据的自动

图 5-2

打通。由此，导购员可以通过有赞CRM（客户关系管理）中的会员标签，更清晰地了解客户画像，助力其精准互动，形成引流获客、转化复购的闭环。

为了打开推广局面，奥康新零售运营中心别出心裁，开展全国企业微信推广大赛，表现优异的导购员最高可以拿到每月数千元的奖励，其对应的新零售负责人也同样会得到嘉奖。

通过这样的方法，奥康的企业微信粉丝数在短短3个月的时间内猛增了67万。为了确保区域公司的热情可持续，奥康新零售运营中心又通过类似于游戏闯关的奖励方式，开展树标杆活动。

5.2.4 成交

根据有赞平台提供的数据可知，每天晚上10点到第2天早上10点，在商家闭店的时间里，入驻有赞平台的鞋服商家通过私域实现的销售额占整个大盘销售额的31%，这些"睡后"收入对于门店来说基本都是增量。而这个增量的大小，又取决于导购员的能力。

为了真正将新零售方法落实到每位导购员，在有赞平台的支持下，奥康新零售运营中心摸索出了一套层层推进的培训方法：总部培训→每个区域公司培训→每个片区培训→针对每个门店的到店培训。到店培训依托SOP（标准作业程序）进行，在理论讲解后，更是提供手把手指导，确保导购员能够完全理解。

截至2021年10月，这样的到店培训已经组织了1000多场，效果显著。目前，奥康每天的企业微信粉丝增量都在1万以上，总的粉丝数已突破百万，并且小程序、企业微信和会员这三驾马车被彻底打通。客户到店后，通过扫描二维码添加企业微信，即可自动收到开会员卡和进入小程序商城的链接，从而三项工作一次性完成。不少沉淀在会员系统中的老会员被重新激活。由于用户与企业微信进行了绑定，因此企业真正做到了可持续触达。

如今，奥康通过新零售方法不断赋能门店导购，精细化运营客户，有效提升了复购率和增购率，其有赞微商城客户的复购率更是高达25%。目前，奥康将新零售与品牌升级结合，有望在未来实现更大的理想——改变消费者对皮鞋的认知。

5.3 美妆行业：透蜜

5.3.1 品牌背景

创始于2011年的透蜜，主打显效护肤、科技护肤的理念，粉丝群体以18~35岁的女性为主，客单价稳定在100元以上。随着流量成本越来越高，透蜜花费了很大的精力进行站外营销、广告投放，但最后留存下来的粉丝却很少。自 2018 年开始，透蜜选择与有赞平台合作布局私域，希望提升粉丝的持续转化率。

5.3.2 引流

围绕会员制，遵循留存、转化、裂变的链路，透蜜通过直播、小红书、公众号等渠道进行"产品种草"，并使用大额优惠券的预售活动吸睛，利用 0 元抽奖、拼团等工具进行老带新的裂变，从而迅速形成上百个社群，沉淀了 10 多万名会员。

透蜜通过入驻爱逛平台上的直播《我是大美人》、有赞广告在朋友圈的定向推广，以及以《我是大美人》公众号推文进行转化的方式（如图 5-3 所示），实现了高达 1∶3 的投资回报率。

图 5-3

对于引流来的客户，透蜜会做以下两波操作。

- 裂变拉新：通过 0 元抽奖、拼团等方式进行老带新裂变。例如，在 2019 年的国庆期间，通过举办 0 元抽奖赠送 520 片面膜的活动引来了超过 10 万名用户参与。
- 提升客单价：通过有赞平台的打包一口价和限时秒杀功能，可提升客单价、增强复购率（透蜜的复购率高达 30%~50%）。①打包一口价：透蜜将热门产品与冷门产品放置到同一个专区，通过设置产品组合的方式（限购热门产品，使消费者为凑单而去选择冷门产品），一方面可用热销产品带动冷门产品，另一方面可进一步提高客单价。②限时秒杀：推出每日早上 10 点 1 元秒杀及限时折扣活动，使用户养成访问习惯，为营造各种节日的活动氛围助力，如图 5-4 所示。

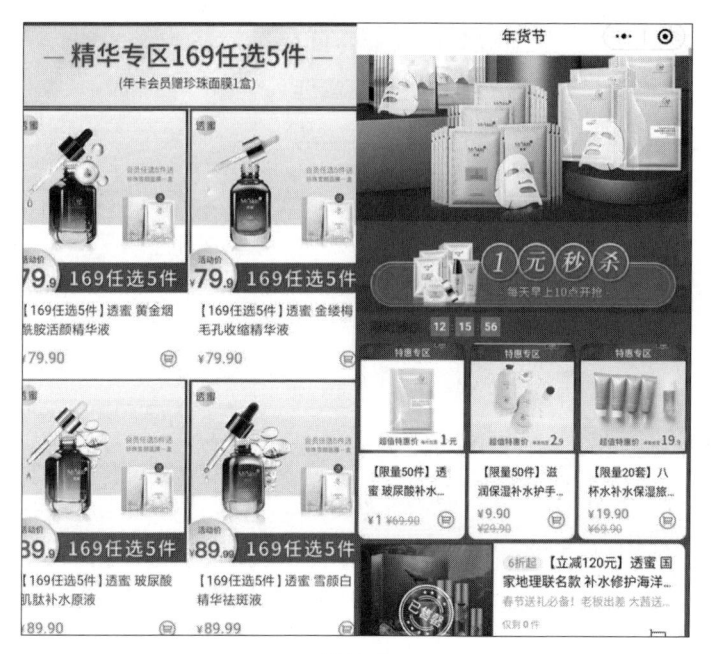

图 5-4

5.3.3 运营

针对不同的用户群体，透蜜不断测试、迭代出不同层级的会员卡：以平均客单价为基准，可划分为低、中、高三类；在用户体验上，以优惠券和实物礼包的形式给予用户及时的满足感，并以此打造权益梯度；利用造节、服务的方式提高用户黏性。

1. 三阶权益，赠礼又赠券

以透蜜主推的低、中、高三类会员卡为例，针对新粉丝，透蜜推出了 39.9 元的年货卡（降低体验门槛，促进复购和留存）；对于老客户，透蜜主推相当于客单价 2.6 倍的 259 元联名卡；中间档则设定在 198 元。

为了延长用户生命周期，透蜜主推会员卡，其所对应的基础权益包括享受全年折扣权益、生日礼物、新品折扣、积分倍率等，并在此基础上进行实物或优惠券的变化。例如：

- 39.9 元年货卡——"基础权益＋满减券",开卡即送大额满减券,吸引用户注册会员。例如,年货节 39.9 元开卡即送 200 元的满减券。
- 198 元女王卡——"基础权益＋等额实物",赠送等额的应季爆款产品。例如,赠送一个价值 198 元的八杯水套装,促进用户购买转化。
- 259 元联名卡——"基础权益＋超值优惠",赠送超值的应季爆款产品。例如,赠送一个价值 428 元的国家地理联名款产品,包括一个海洋套装、一盒冰川美白面膜,同时该联名卡具有会员专属待遇,可引发会员追捧,如图 5-5 所示。

图 5-5

2. 造节互动,引爆社群

围绕会员卡的推广,透蜜炮制了包括"夜间集市""宠粉日""女王节"等在内的五六个节日,推出了限时秒杀和限量发行活动。

- 限时秒杀:权益卡部分,推出类似于 3.9 元秒杀 7 天体验低门槛限时会员卡,促进复购和客户留存;产品部分,采用应季的产品做秒杀活动,并设置了会员价和非会员价,刺激非会员向会员转化。

- 限量发行：在每月20号的"女王节"，推出少量低价会员卡，如原价为198元的女王卡以100元限量发行，一方面因为这一价格接近透蜜的客单价，粉丝很容易接受，另一方面，也能增加节日的氛围，在社群内引发讨论。

5.3.4 成交

透蜜自2019年5月开始联合有赞平台打造付费会员制，仅用了半年多的时间，就累积了近17万名会员，其中，1万多名购买会员卡的付费会员贡献了60%的交易额，复购率高达30%~50%。

5.4 餐饮行业：日食记

5.4.1 品牌背景

2015年4月，日食记通过有赞平台售卖周边产品。2018年，日食记正式启动电商业务，持续加码有赞平台。

日食记对私域店铺与公域店铺的定位有所不同：私域店铺——"日食记生活馆"偏向于卖场式的商店，除了售卖自营产品，还会推荐其他品牌的优质好物；公域店铺售卖的是自营产品。通过视频号的直播带货，其团队开始有意识地挖掘、培养潜在爆品。

5.4.2 引流

自2013年成立以来，日食记凭借"一人一猫"的组合和温暖治愈的品牌风格，在不到6年的时间内轻松俘获了全网5100万名粉丝，一跃成为美食类自媒体中最受瞩目的IP。

虽然日食记拥有强大的IP效应，但日食记对于布局零售业务并不急切，或者说，它知道布局太快意味着什么——市面上不少自媒体 IP 往往谋求赚"快钱",在"收割"一波粉丝后就面临门可罗雀的局面,这种网红经营模式早已备受争议。直到 2018 年 11 月,在有了将近 5 年的内容沉淀后,日食记才在上海开设首家线下体验店"日食记生活馆",并通过有赞平台打通了线上线下的零售系统,开启了全渠道运营模式。

利用 IP 效应吸引粉丝并实现流量变现,是日食记在运营过程中呈现出来的最表层部分,撕开 IP 的标签,隐藏在其背后的基于社交的商业逻辑,才是日食记在讲述零售故事时最有意思之处。不同于网络上常见的"说教型"美食制作视频,日食记通过清新欢快的音乐,以及在自然镜头下呈现的食材来烘托整体的气氛。在这样的调性下,如何制作食物似乎不是最重要的,用户的关注点更多是在人和猫的身上。

而在有了一定的粉丝基础后,日食记开始纵向挖掘 IP,由此衍生出了包括小剧场、网剧、微电影在内的多种内容形态。这些衍生出来的产物除了可以更好地运营日食记这个 IP,还能紧扣"对美好生活的向往"这一主题,让粉丝的黏性更高。

5.4.3 运营

日食记在有赞微商城中早期售卖的产品大多是日食记和其他品牌的联名产品,以及"酥饼大人"周边。2018 年 11 月,日食记在上海开设了首家线下体验店,并正式推出了微信小程序"日食记生活馆",从而基于私域实现线上线下的一体化经营。

在日常的经营中,日食记利用小程序为门店引流。例如,在日食记微信小程序"日食记生活馆"中会上架咖啡体验课等课程,以吸引消费者线上买单、到店体验。

5.4.4 成交

在 2022 年的春节期间,日食记推出"高端年货"视频号直播专场,携手简餐品牌——理象国主推虎年限量版"年菜系列礼盒",如图 5-6 所示。在日食记主播的"安利"下,价值超千元的新年盆菜礼盒销售额高达百万元。

在直播期间,团队通过设置开场大奖来吸引用户关注。由于一场直播的时间很长,用户无法长时间停留,因此,日食记通过主播口播的方式不断预告即将在半点、整点举行的抽奖活动,从而让用户能在关键时刻回到直播间,维持直播间热度。而有赞平台提供的各种营销工具,如直播优惠券、限时秒杀,也成为日食记引流的抓手之一。

图 5-6

5.5 烘焙行业:熊猫不走

5.5.1 品牌背景

作为互联网烘焙赛道中的后来者,熊猫不走堪称新零售的原生代,从落地起,便开启了新零售的旅程。

熊猫不走之所以在创业伊始就明确必须要自建流量池,是因为创始团队认为,过度依赖大平台的流量,会造成成本高、获客贵、首单亏等问题,即便是二次传播,也要为流量持续付费。更重要的是,在如此模式下,无论花费多少,用户认可的都是平台而非品牌,所以,从本质上讲,这一做法无异于饮鸩止渴。

彼时，虽然私域的概念尚未诞生（商家通过微信公众号吸粉的红利期也已错失），但熊猫不走还是坚定地选择实打实地建立自己的阵地。而对于承接流量下单转化的平台，熊猫不走选择了有赞平台。

5.5.2 引流

熊猫不走一经面世就开设了自己的微信公众号，用于沉淀私域流量。截至目前，熊猫不走的公众号粉丝量达2000万，月增数百万。

2020年，熊猫不走洞察到，当用企业微信和用户建立联系时，后者会有更多的信任感，因此熊猫不走选择在用户运营端使用企业微信。2021年，引入有赞平台的企业微信助手后，熊猫不走更是实现了企业微信和有赞微商城的无缝连接。这也为其推进对用户画像的细分、研究和应用创造了可能。仅用了一年时间，其企业微信的粉丝留存数就有300多万。

之后，熊猫不走不断通过品牌曝光的方式大规模地吸引流量，并将小红书、美团等渠道的公域流量导流到私域。

5.5.3 运营

熊猫不走会通过有赞平台的客户分层和标签体系，为客户打上各种标签。同时，因为有赞平台的标签体系打通了企业微信，因此熊猫不走的用户运营团队不仅可以通过企业微信和用户保持联系，还可以在沟通过程中，通过详细的标签做精细化运营，如在适当的时间节点唤醒用户。

在用户运营上，十几个人的团队运营着100多个微信客服号。除可借助工具对基础问题进行快捷回复外，对其他问题基本能做到一对一私聊。

5.5.4 成交

熊猫不走打通了企业微信和有赞微商城之间的交易闭环，即粉丝可以直接从公众号上跳转到有赞微商城中下单购买。

熊猫不走利用有赞微商城的多网点功能，让每个城市的网店都可以根据当地用户的特点上架不同的产品，以此来满足各地差异化的经营需求。

2019年5月，熊猫不走基于有赞会员权益体系，推出"熊猫会员卡"，如图5-7所示。用户在会员卡中充值后可以免费获得一个3磅的四拼慕斯蛋糕赠品，并且在一年中还享有每周抽奖、蛋糕免费升磅、会员日半价福利、积分换蛋糕等特权。会员卡不仅提升了用户满意度，而且为提升熊猫不走的整体复购率贡献了不小的力量。经统计，购买会员卡的用户复购率保持在70%~80%，续卡率也高达60%。

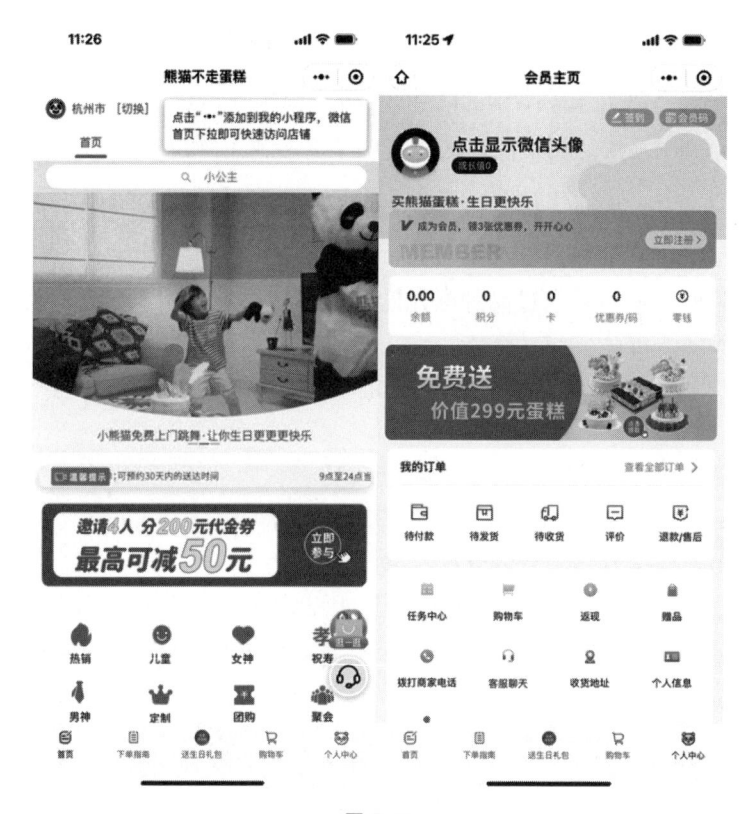

图5-7

随着烘焙行业日渐走向线上与线下的互融共生，熊猫不走也在筹划创建线下店。未来，烘焙赛道整体流量还会再分配，人群还会再划分，加之需求的不断升级，熊猫不走将迎来更多新的机会。

5.6 超市便利：city' super 超·生活

5.6.1 品牌背景

由于最近几年消费者逐渐习惯了线上下单，因此生鲜前置仓和社区团购模式迅速崛起，线上零售商超从拼"质量"开始转向"拼体验"。与此同时，传统零售商超受到挤压，门店客流份额逐渐减少，坐等客户上门的时代已经过去；互联网的飞速变革也在促进跨境电商的火爆发展，进口产品价格不断降低，产品购买方式越发便捷，居民的消费能力不断提高。

在这样的压力下，精品超市在消费市场中的处境并不好，面向高收入、高价值人群的老牌精品高端超市 city' super 超·生活（1996 年 12 月在香港成立）也是其中之一。它自 2010 年进入内地以来，目前只在上海开出 3 家门店。为了在"以人为本"的新零售时代精准洞察消费者需求，提供难以替代的特色服务，保持用户黏性，city' super 超·生活于 2021 年 6 月开始与有赞平台开展私域商城合作：city' super 超·生活希望通过有赞平台提供的公/私域联动运营业务解决方案，在上海建立以消费者为核心的全生态合作关系，并实现数字化的转型升级。

在这一过程中，city' super 超·生活尤其重视对会员的运营，并在有赞平台的帮助下，确定了公/私域联动运营的精细化策略，优化组织和资源布局，通过前期提升获客率、中期转化、后期留存的模式，打造私域流量池，驱动单客价值度提升。

5.6.2 引流、运营

若想将用户沉淀到自己的私域流量池，除了货品本身的优势，场景化运营也至关重要。

- 通过营销场景化，助力 city' super 超·生活提升用户到店的购物体验。
- 通过部署公众号和小程序（见图 5-8）等，布局微信私域流量池。
- 在用户离开门店后，通过配送服务和社区团购服务等满足会员的 24 小时需求。

此外，city' super 超·生活还通过线上线下会员一体化，激活每一位会员，以实现线上的裂变拓客。

借助有赞平台的产品和工具，city' super 超·生活的线上有赞微商城主动访问用户量占据总体用户量的 80%。

5.6.3 成交

city' super 超·生活的消费人群多为中高端人士。当线上产品售价和举办的营销活动与门店一致时，专属的优惠券、积分、储值可线上线下共享。

city' super 超·生活在门店周边 3 千米内，通过与美团、饿了么合作，完成配送履约。而在覆盖不到的地区，则通过有赞平台同城配送的智能化呼叫能力，拓展全上海的经营半径。

图 5-8

借助有赞平台的产品和工具，city' super 超·生活通过沉淀系统连接集成能力，利用数据打通标准化服务、实现品牌有效规模的增长。相信在未来，city' super 超·生活还将创造新的零售传奇。

5.7 零食行业：三只松鼠

5.7.1 品牌背景

自 2017 年起，流量开始去中心化，传统电商平台逐步遭遇流量瓶颈。与此同时，线上获客成本的持续增高也给极度依赖线上市场的互联网休闲零食企业带来了极大压力。更重要的是，虽然经过多年积累，这些休闲零食品牌已经在全网汇集了大量用户，但无法将他们牢牢抓在自己的手中，从而无法为用户输出更长周期的品牌价值。

因此，互联网休闲零食品牌纷纷启动转型，以强化品牌的力量。三只松鼠正是其中之一。经过几年的摸索，三只松鼠在不断试错中找到了方向：聚焦坚果，多品牌、全球化运营，由流量思维转型为真正的品牌思维。而在这一过程中，运用最新的技术和方法开展新零售业务成为重要的一环。

在新零售的探索之路上，三只松鼠最初采取的动作是向全品类扩充，同时将全渠道开发作为阶段性重点。彼时新兴的社交电商、直播等，三只松鼠无一例外都做过尝试。

但很快，三只松鼠就发现这并不是未来：一方面流量的去中心化，让流量成本高企；另一方面，在外部 KOL（关键意见领袖）或销售员与用户产生连接的过程中，用户对品牌的体验感在一定程度上被消耗了。

最终，三只松鼠结合自身"天然具有和客户连接关系"的优势，将重点落到了此前一直忽略的私域运营上，定位为以会员为中心来做用户服务。

5.7.2 引流

自 2019 年起，借助有赞微商城，三只松鼠电商事业部迅速搭建以公众号、社群为核心的营销矩阵，同时联合品牌中心、客服中心及线下团队，通过多种方式，逐步拓宽有赞微商城的流量入口。

例如，三只松鼠通过有赞平台推出的企业微信助手，将企业微信和有赞店铺系统无缝对接，将不同渠道的客户引流至企业微信私域流量池。

到了 2021 年年末，三只松鼠已通过有赞微商城积累了近 600 万名的自有用户，并且从无到有，在私域流量池中沉淀了 4 万多名的付费会员。在将线下付费拉新、包裹拉新、品牌宣传拉新、客服日常维系拉新、外呼团队拉新等全触点开放后，私域整体会员更是以每月 10 万人的速度持续增长。

此外，三只松鼠还充分调动了加盟门店的积极性，对门店会员拉新给予营销补贴，对拉新达到一定数量的门店给予月度和季度奖励，对会员储值也设有返点机制。

5.7.3 运营

若品牌想要真正做到玩转私域，不但需要前端的流量汇入，还需要后端的会员运营和维护，围绕用户体验进行持续深耕。

为此，三只松鼠不仅组成了包括电商部门和客服团队在内的项目组，还对品牌运营方式做出了相应调整：从原来的只对 UV（网站独立访客）运营，调整为现在的对每个用户进行一对一的沟通和维护；从原来的非常注重即时的投入产出比，调整为现在的更倾向于计算一个用户在过去半年、一年内的总产出。

在实际操作过程中，三只松鼠通过企业微信助手串联整个私域全链路，记录用户的消费标签及行为轨迹，并采取有针对性的策略，进行更精细化的运营管理，最终实现与"主人"的深度连接。

除了线上，三只松鼠还在推动线下门店与新零售业务的进一步连接。

此前，线下门店采用每个门店配备一个微信的方式，即用最传统的方法做私域社群，存在不少痛点。2020 年年底，三只松鼠将线下业务合并，成立门店事业部。此后，门店事业部在有赞平台的帮助下，一步步将门店原本粗放式的私域运营变得更加精细化。

具体的改进举措包括：在同城业务板块，通过有赞平台完善自营外卖和到店自提业务场景；通过有赞平台的分佣路径，打消门店的顾虑，真正做到门店和线上商城的联动，将线下流量更好地转到私域中；依托有赞平台提供的营销路径，让门店更好地参与到三只松鼠的全域营销中；通过有赞平台进行用户资产的沉淀，为未来线上线下会员的打通做好准备。

> **注意**
>
> 一言以蔽之，三只松鼠希望通过有赞平台，将用户对品牌的黏性提高到极致，将用户的生命周期不断拉长。与此同时，强大的 IP 塑造能力及目标用户的全年龄级优势，为三只松鼠带来弯道超车的可能。

5.7.4 成交

三只松鼠基于有赞平台的付费权益卡功能,开发出有赞微商城的付费会员体系,如图 5-9 所示。

用户只要支付 18 元,就可以领取三只松鼠的超级主人卡及一张好友体验卡。拥有超级主人卡的用户在一个季度内,既可以享受三只松鼠所有产品的 9 折优惠,也能领取到不少开卡礼包,包括优惠券和生日礼品等,还可以享受社群抽奖、免单等福利。

图 5-9

现如今,三只松鼠已经形成完整的私域运营体系。在采取多种举措后,其以高净值会员用户为中心的私域运营取得不错的成效。据统计,在整个店铺的日常交易额中,高净值会员用户的贡献率超过 70%,并且其复购率也达到非会员用户的 4 倍以上。

眼下，休闲零食行业已进入红海期，转型新零售成为必然。三只松鼠选择围绕高净值会员用户构建私域，已成为行业内可借鉴的典型范例之一。

5.8 百货行业：南京新百

5.8.1 品牌背景

近年来，面对消费升级、电商崛起等因素的多重夹击，百货行业的商家纷纷将目光聚焦在新零售上，试图在后互联网时代寻找到更适应时代发展需求的增长之道。

诞生于1952年的百货行业"老大哥"——南京新街口百货商店股份有限公司（以下简称南京新百）和有赞平台联手，摸索出了一套具备自身特色的"解题"思路。南京新百有赞微商城如图5-10所示。

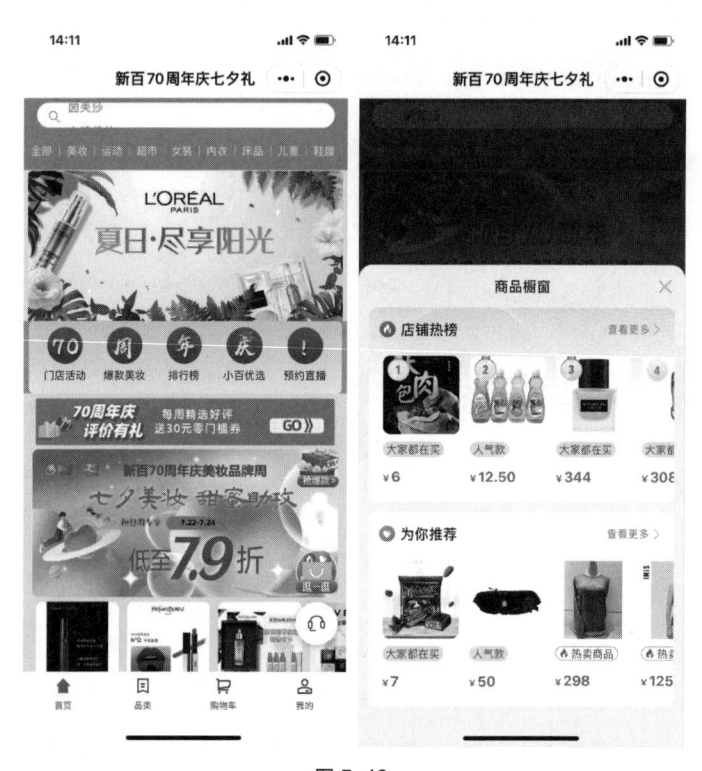

图 5-10

在南京新百看来，无论零售模式怎么变，提升客户体验都是一切模式的基础。因此，在转型新零售的过程中，导购员、主播、劳模 IP 及社群成为南京新百的核心抓手。

5.8.2 引流

导购员作为最懂商城和产品的 KOC，其传播力是普通用户的 2 倍，53% 的私域新客户来源于导购员，75% 的闭店销售额由导购员在闲暇时间贡献。

基于此，南京新百发动了约 2000 名导购员通过企业微信进行拉新，目前已沉淀约 15 万名私域客户。

5.8.3 运营

南京新百在社群运营方面颇有心得，它巧妙地将"劳模 IP"与之结合起来，其发展变迁经历了以下两个明显的阶段。

- 1.0 阶段：在 2020 年疫情期间，南京新百响应政府号召暂停线下业务，线上购物渠道则正常运营。为此，南京新百建立了以各楼层为单位的购物社群，如果消费者需要选购不同楼层的产品，则可通过扫描对应的二维码进群下单。为了提升各楼层社群的信誉度，南京新百推出了"劳模线上管家"，各群群主均由获得了市级以上劳模称号的优秀员工担任，并以劳模线上管家的名义为群内消费者提供贴心服务。通过对劳模 IP 的有意识培养，南京新百在闭店期间，线上购物渠道的日均浏览量高达 30 万人次。
- 2.0 阶段：随着疫情的缓解，南京新百的线下门店也恢复了正常。之后，各楼层社群在添加客户时，把劳模的企业微信二维码放在柜台上，由此，可追溯到客户是通过哪个柜台/导购员添加企业微信并入群的。除了各楼层社群，各个品牌也借助企业微信建立了自己的垂直群。而客户在添加相关的企业微信后，会自动成为南京新百会员，并通过企业微信进行客服评价。南京新百借此对导购员实行考核。

5.8.4 成交

2020年，南京新百开始动员各个部门开展直播业务，经过一次次的探索，其直播业务终于在2021年迎来了一波小高潮。

彼时，因为疫情再次席卷全球，线下业务暂停，南京新百便对每一位导购员进行培训，实现了"人人都是新百主播"的目标。在全员直播的大潮下，仅在2021年的7~8月，南京新百就做了几百场直播，拿下同期有赞商家直播业绩第二名的好成绩。

在未来几年的规划中，南京新百将进一步推动导购员的数字化进程，力争把所有导购员培养成适应全渠道业务的导购员，从而为未来打造"线上新百"奠定基础。此外，南京新百还将全力打造以社群、企业微信、直播、服务号以及其自身为核心的私域体系。

5.9 培训行业：安姐有约

5.9.1 品牌背景

郝安（安姐）是新精英成长商学院创始人，全球IP轻创业导师，前摩根大通(伦敦)高级项目总监，分别于南开大学获得学士学位、伦敦大学获得硕士学位。

安姐有约的产品体系如下：

- 《让你薪资溢价N倍的求职特训营》+《副业思维加餐课》：1980元。
- 《知识IP超级变现营》：1980元。
- 《创始人IP超级变现营》：4980元。
- 私教：10万元/年。
- 一对一咨询：企业客户3万元/小时；个人客户2000元/小时。
- 铁粉专属社群：365元/年。

5.9.2 引流

- 拍摄由真人出镜的短视频并发布到各个公域平台中,若添加微信,则赠送价值 1000 元的电子书《5 招教你年入百万》。
- 每天直播 1 ~ 2 小时,其目的有两个:一是引流;二是提高已有粉丝的信任度。
- 借助大咖的公众号推文,并开展直播连麦。

5.9.3 运营

- 微信个人号运营:设计定位明确的头像、签名、封面图,每天发布约 8 条朋友圈动态,如图 5-11 所示。
- 客户的分层管理:对不同的客户提供不同的服务,并能实现精准触达。

图 5-11

5.9.4 成交

通过"私聊话术＋社群营销"的方式实现成交，安姐有约为迷茫的客户高效解决了副业、职场中的棘手问题，尤其是用商业思维、逻辑分析能力、知识和经验，给不同行业的客户（药师、营养师、程序员、副业导师等）提供了打造个人IP的思路、方法并赋能，得到了客户的广泛好评。